E. Richter

Die Geschichte der sozialdemokratischen Partei in Deutschland

seit dem Tode Ferdinand Lassalles

E. Richter

Die Geschichte der sozialdemokratischen Partei in Deutschland
seit dem Tode Ferdinand Lassalles

ISBN/EAN: 9783743406629

Hergestellt in Europa, USA, Kanada, Australien, Japan

Cover: Foto ©Suzi / pixelio.de

Weitere Bücher finden Sie auf **www.hansebooks.com**

Die Geschichte

der

Social-demokratischen Partei

in Deutschland

seit dem Tode

Ferdinand Lassalle's.

(Zusammengestellt und actenmäßig belegt aus den beiden Organen der Partei, dem „Social-Demokrat" in Berlin und dem „Nordstern" in Hamburg.)

Berlin, 1865.
Th. Lemke's Buchhandlung.
Sebastianstraße 19.

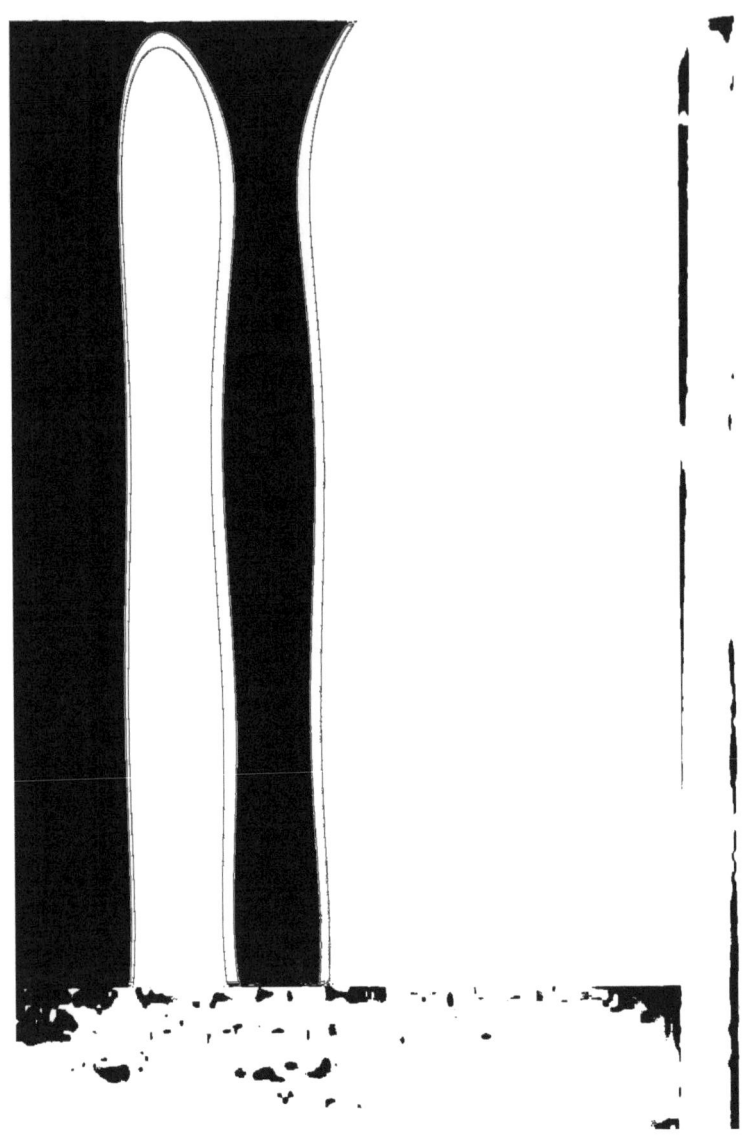

Vorwort des Herausgebers.

Der Druck dieser kleinen Schrift ist ohne Schuld des Verfassers erheblich verzögert. Während des Drucks ist zwischen dem Präsidenten Bernhard Becker und den Redacteuren des „Social-Demokrat" von Neuem eine heftige Fehde entbrannt. In Nr. 204 des „Social-Demokrat" vom 24. November 1865 wird öffentlich Beschwerde darüber geführt, daß mehrere Circulare Becker's **„gegen alle Ordnung nicht nach Berlin gekommen"**. Sodann weiter:

> „**Zweitens** geht aus eingelaufenen Briefen hervor, daß **Herr Becker zu dem Mittel persönlicher Verdächtigung und Verkleinerung** auch uns gegenüber gegriffen hat. **Unsere Vereinsgenossen werden wissen, was sie hiervon zu halten haben."**

Nach der heutigen Zeitung (Nr. 205) ist J. B. v. Schweitzer gestern wegen mehrerer Preßvergehen zu Einem Jahr Gefängniß verurtheilt und auf Antrag des Staatsanwalts sofort verhaftet. Wir glauben, daß diese Thatsache den Verfasser in seiner Ansicht über die Beziehungen zwischen mehreren Social-Demokraten und der jung-conservativen (Wagner'schen) Partei in keiner Weise beirren wird.

Berlin, den 25. November 1865.

Die Geschichte der social-demokratischen Partei in Deutschland
seit dem Tode Ferdinand Lassalle's.

Erstes Kapitel.
Die Beerdigung und das Testament Lassalle's.

Am 1. September 1864 starb Ferdinand Lassalle zu Genf in Folge eines Schusses in den Unterleib, den er im Duell mit einem walachischen Edelmann v. Rakovicz erhalten hatte. Ursache des Duells war ein Liebesverhältniß Lassalle's zu seines Gegners Braut, der Tochter des baierischen Gesandten v. Dönniges.

Am Nachmittage von Lassalle's Tode kamen seine Mutter und Schwester auf die durch die Gräfin Hatzfeld erhaltene Nachricht von seiner Verwundung in Genf an. Dieselben wollten den Leichnam des Sohnes zur Beerdigung direkt nach Breslau befördern. Die Gräfin Hatzfeld wünschte dagegen, daß Lassalle in Berlin, als dem Mittelpunkte seiner öffentlichen Wirksamkeit, bestattet werde. Gegen Uebernahme der durch den Tod Lassalle's in Genf verursachten Kosten verstanden sich die Verwandten hierzu und überließen der Gräfin auch die Bestimmung der Reiseroute. Diese wählte in der Absicht, den Leichnam Lassalle's zu agitatorischen Zwecken zu benutzen, den Weg, an dem sich möglichst viele Lassalle-schen Gemeinden befanden, und begleitete den Sarg über Frankfurt a. M., Mainz und Köln nach Düsseldorf, indem sie überall dorthin telegraphirte, man möchte, wenn sie mit dem Sarge käme, für die zu veranstaltenden Feierlichkeiten keine Kosten scheuen, denn sie werde Alles zurückerstatten. In Mainz fand auch wirklich auf dem Wege vom Bahnhofe zum Dampfschiffe der Zug statt, welchen Tages vorher auffallende Plakate an den Straßenecken angekündigt hatten. Inzwischen war der Mutter Lassalle's dessen Bestattung in Berlin wieder leid geworden und sie ertheilte ihrem Schwiegersohne, Commerzienrath Friedland zu Wien, Generalvollmacht zur Ueberführung der Leiche nach Breslau. Auf dessen Requisition wurde die Leiche in Köln von der Polizeibehörde in Beschlag genommen und trotz des heftigen Protestes der Gräfin Hatzfeld nach Düsseldorf und von dort unter polizeilicher Begleitung direkt über Berlin nach Breslau unter der Adresse eines Herrn Ullmann geführt. Dort wurde die Leiche ohne jede Feierlichkeit, auf einem Plan- oder Kaluberwagen auf den Kirchhof gebracht und im Beisein mehrerer Polizeibeamten begraben. Die Gräfin Hatzfeld war, nachdem fernere Schaustellungen der Leiche unmöglich geworden, in Düsseldorf zurückgeblieben.

Erst einige Monate später veranstalteten die Angehörigen Lassalle's in Breslau eine Leichenfeier, und sandte die Mutter bei dieser Gelegenheit dem von Lassalle gestifteten Allgemeinen Deutschen Arbeiterverein ein Geldgeschenk im Betrage von zweihundert Thalern.*)

Lassalle hatte am Tage vor dem Duell eigenhändig ein Testament nach den Genfer Gesetzen gemacht, und war dasselbe auf dem dortigen Gericht hinterlegt worden. Seiner Mutter wurde, als dieselbe nach Genf kam, hiervon Mittheilung gegeben. Dieselbe reiste indessen nach Breslau, erklärte dort, daß ihr Sohn in Genf ohne Hinterlassung eines Testaments gestorben sei und erhielt so die gerichtliche Autorisation, als natürliche Erbin die

---

*) Vgl. über die Streitigkeiten wegen der Bestattung Lassalle's die „Nachrichten über die Mutter Ferdinand Lassalle's" von einem Freunde derselben in Nr. 281 und die Erwiderungen darauf von Bernhard Becker in Nr. 284 und 287 des „Nordstern"; dazu die Rede desselben in Hamburg vom 22. März 1865 (Sozial-Demokrat Nr. 39 Beilage) und das „unumwundene Wort" von Joh. Phil. Becker in Genf in der Beilage zu Nr. 305 des „Nordstern".

Erbschaft in Besitz zu nehmen. Hierauf eilte dieselbe nach Berlin und setzte in der Person des meiningschen Kammerjunkers v. Türk einen Bevollmächtigten in die Wohnung Lassalle's ein. Schon standen dort 57 Kisten mit dem Nachlaß Lassalle's gefüllt zur Versendung nach Breslau, Wien und Meiningen bereit, als in Folge einer von den im Genfer Testament bestellten Testaments-Exekutoren, Lothar Bucher und Rechtsanwalt Holthoff, in Gemeinschaft mit der Gräfin Haßfeld erhobenen Arrestklage in der Lassalle'schen Wohnung Siegel angelegt wurden.*) Die Mutter Lassalle's bestritt vor Gericht nun zuerst die Aechtheit des Genfer Testaments und sodann, daß ihr Sohn das Recht gehabt habe, im Auslande ein gültiges Testament zu machen. Nach einer Mittheilung der Norddeutschen Allgemeinen Zeitung vom Juni d. J. hat die Mutter mit den Testaments-Exekutoren einen Vergleich dahin abgeschlossen, daß alle Bestimmungen des Genfer Testamentes zur Ausführung kommen, mit der Ausnahme, daß der Oberst Rüstow, Georg Herwegh, v. Hofstetten, von denen sie in Genf schwer beleidigt sein will, nebst dem „Sekretair des Allgemeinen Deutschen Arbeitervereins" Willms, dem zu Agitationszwecken auf 5 Jahre jährlich 500 Thlr. ausgesetzt sind, der aber nicht mehr Sekretair des Vereins ist, — zum Prozeß verwiesen werden.

Zweites Kapitel.

Bernhard Becker, der Nachfolger Lassalle's.

Lassalle empfahl in seinem Testamente dem Allgemeinen Deutschen Arbeiter-Verein zu seinem Nachfolger, als Präsidenten desselben, den Frankfurter Bevollmächtigten Bernhard Becker zu

---

*) Vgl. die Antworten auf die sog. Nachrichten über die Mutter Ferd. Lassalle's von B. Becker im „Nordstern" vom 10. December v. J. und den Leitartikel im „Nordstern" vom 23. September d. J.

wählen. Aus Anlaß dessen forderte das interimistische Präsidium, Dr. Otto Dammer in Hildburghausen, nach vorheriger Rücksprache mit Bernhard Becker, unter dem 8. Oktober 1864 die Bevollmächtigten diktatorisch auf, die Präsidentur des Schriftstellers B. Becker durch Kopfabstimmung bestätigen zu lassen, angeblich weil Herrn Lassalle die Befugniß zugestanden, die ihm verliehene Gewalt auf den Becker zu übertragen und auch der interimistische Präsident, kraft der ihm ebenfalls übertragenen Gewalt, den B. Becker zum Nachfolger im Präsidium designirt habe. Noch ehe aber diese Verfügung durch Copie an die Bevollmächtigten der verschiedenen Gemeinden gelangte, protestirte die Solinger Gemeinde (welche von dem sich zu Solingen aufhaltenden Sekretair des Vereins, Willms, von dem Schriftstück Kenntniß erhalten hatte) gegen diese Verfügung, als einen das allgemeine gleiche und direkte Wahlrecht aufhebenden Gewaltakt, und verlangte den Testamentsauszug zu sehen*). Am 15. Oktober theilte darauf Dr. Dammer den Wortlaut der nur die Empfehlung Becker's zum Präsidenten enthaltenden Stelle aus dem Testament Lassalle's mit, und ordnete durch direkte Verfügungen eine Wahl an. Am 4. November machte denn auch Willms als Sekretair des Vereins bekannt, daß der Schriftsteller Bernhard Becker aus Frankfurt a. M. einstimmig zum Präsidenten erwählt und damit dem von Lassalle in seinem Testamente niedergelegten Wunsche entsprochen sei.

Der von Becker in einer am 22. März zu Hamburg gehaltenen Rede mitgetheilte Umstand, daß in Altona eine Wahl überhaupt nicht zu Stande gekommen, wurde dabei außer Acht gelassen. — Nach seiner Wahl erließ B. Becker ein Manifest des Präsidenten an den Allgemeinen Deutschen Arbeiterverein, worin er die testamentarische Bestimmung Lassalle's hervorhob: „Er (B. Becker) soll die Organisation festhalten, sie wird den Verein zum Siege führen."

---

*) Vgl. „Wunderschöne Neuigkeiten" von Dültgen in Solingen im Nordstern vom 24. Juni d. J.

Zu gleicher Zeit schrieb Becker an die Gräfin Hatzfeldt:

„Gute Frau Gräfin, Ihnen **allein** habe ich diesen Erfolg (die Wahl zum Präsidenten) zu danken; als Sieger lege ich mich, um meinen **Dank auszudrücken, Ihnen zu Füßen. Was hätte ich ohne Sie vermocht?!** Der Verein wäre **ohne Ihre mir geleistete Hülfe aus den Fugen gegangen.**" (Nordstern 15. April 1865. Unumwundenes Wort von Joh. Phil. Becker.)

In Bezug auf die Vergangenheit Becker's theilte ein gewisser Oberwinder aus Frankfurt a. M. vom 1. November 1864 im „Nordstern" mit, daß Becker, der Sohn eines Gutsbesitzers in Thüringen, schon als Gymnasiast und später als Student der Staatsökonomie und Philosophie ein von den Professoren wegen seiner radikalen Tendenzen und Bestrebungen gefürchteter Schüler gewesen sei, und sein freier Geist ihn dieserhalb gezwungen habe, dem Staatsdienst zu entsagen. Es heißt dann weiter:

„Um die Zeit des Sonderbundkrieges begab er sich in die Schweiz, wo er die Mängel der Föderativrepublik kennen lernte, doch führte ihn das Jahr 1848 wieder nach Deutschland, wo er sich unter Anderem unter Johann Philipp Becker an der süddeutschen Mai-Revolution betheiligte. Einige Jahre später sah er sich genöthigt, Deutschland zu verlassen, nachdem er von dem jetzigen Nationalvereinler Streit als Verfasser einer revolutionären Flugschrift denuncirt, in einen Hochverrathsprozeß verwickelt worden war.

Er begab sich nach England, um die von den Gothaern so gepriesenen englischen Zustände in der Nähe zu beschauen und kennen zu lernen. Da er jedoch als ein charakterfester Mann seinen social-demokratischen Prinzipien immer treu blieb, war er genöthigt, während zehn Jahren ein nicht allzu angenehmes Flüchtlingsleben zu führen. Nachdem er noch in London mit Schrift und Wort den hinlänglich bekannten Kinkel und dessen Konsorten bekämpfte, verließ er England, durch den Verlauf der politischen Bewegung in Deutschland dazu bestimmt und da die Hauptanklagepunkte in dem Prozeß gegen ihn verjährt waren. In Meiningen verbrachte er noch einige Monate im Gefängnisse, doch wurde er, als sein Gesundheitszustand gefährdet war, nachdem er jedoch entschieden die Einreichung eines Gnadengesuchs abgelehnt hatte, in Freiheit gesetzt; kurze Zeit darauf ging er nach Frankfurt, wo er zuerst in einer Broschüre als Vertheidiger Lassalle's und seiner Prinzipien auftrat."

Lassalle hatte für seine Thätigkeit als Präsident nicht nur vom Verein kein Honorar bezogen, sondern im Interesse des Vereins selbst Auslagen gemacht. Diese zu bestreiten und die mit dem Amte verbundenen Mühen unentgeltlich zu besorgen, war aber sein Nachfolger nicht im Stande. Der Verleger seiner Schrift: „Die Deutsche Bewegung von 1848 und die gegenwärtige" ging daher in Berlin bei verschiedenen Mitgliedern herum, um den Antrag zu empfehlen, den Präsidenten mit einem Honorar von 500 Thalern auszustatten, jedoch schlug hier die Absicht fehl und der Antrag wurde nicht allein von drei Mitgliedern, die Herr Schlingmann besuchte, rundweg abgeschlagen, sondern er wurde auch in Berlin weiter gar nicht zur Sprache gebracht.*)

Drittes Kapitel.

Die Gründung des „Social-Demokrat."

Bisher war der „Nordstern" in Hamburg, redigirt von dem alten Socialdemokraten K. Bruhn, in Deutschland das einzige Organ der socialdemokratischen Partei gewesen. Vom Sommer d. J. 1864 ab gingen aber ein gewisser von Hofstetten und J. B. von Schweitzer damit um, ein neues, zugleich offizielles Organ für den Allg. D. Arbeiterverein, den „Social=Demokrat" zu gründen. Eine Zeit lang trugen sich die genannten Personen mit dem Gedanken, K. Bruhn den „Nordstern" zu Gunsten des neu erscheinenden Blattes abzukaufen. Bernhard Becker schrieb darüber K. Bruhn im Laufe des Sommers 1864 Folgendes:

---

*) Vgl. Rede Friedr. Arndts, von Berlin, in der Gemeinde-Versammlung zu Altona, im Nordstern vom 8. April 1865.

„Lieber Freund! — Du darfst unter keinen Umständen und um keinen Preis den „Nordstern" aus der Hand geben! denn so lange du ihn redigirst, kann er nicht für die Reaktion gemißbraucht werden. Du hast der treue Hüter der Arbeiterbewegung zu sein, die demokratisch-revolutionär ist und bleiben muß. Daß Ränke in unserm Rücken gespielt werden, habe ich schon lange gewußt, doch bleiben dieselben machtlos, da unsere Arbeiter alle demokratisch-revolutionär sind. Schweizer ist ein Erzintrigant. Er hat sich schon mit dem Herzog von Koburg herumgetrieben, sich mit ihm Arm in Arm geführt, bei ihm zur Tafel gesessen, mit Bollmann die edle Passion der Intrigue gepflegt. Sodann hat er Broschüren geschrieben, welche die baierische Regierung eben so gut aufgenommen hat als die österreichische. Er ist vertraut mit dem Herrn v. Hofstetten in München, der sich als Offizier in der Suite des baierischen Königs befindet, sich, nachdem er einmal Schauspieler gewesen, mit einer Standesherrin verheirathet hat. Herr v. H. war voriges Jahr im Anfang d. S. hier. Bei seiner ersten Anwesenheit suchte er mich für das Haus der Wittelsbacher zu gewinnen, indem er mir 4 Stunden lang einen Plan auseinandersetzte, wonach der baierische Kronprinz (der jetzige König) sich an die Spitze Deutschlands stellen und zwar auf den Allg. Deutschen Arbeiterverein stützen müßte.*) Wie Du Dich erinnern wirst, habe ich den Plan im „Nordstern" lächerlich gemacht, ohne mich auf meinen Herrn v. Hofstetten zu beziehen und ohne die Details anzugeben. **Im Grunde sollte ich gekauft werden.** Herr v. H. war mit Schweizer zusammen in Leipzig gewesen. Der Roman Sch.'s wird nicht ohne Ursache mit der totalen Niederlage der sämmtlichen darin geschilderten Arbeiterbestrebungen endigen. — Voriges Jahr spielte mir Schweizer eine Intrigue in hiesiger Gemeinde (Frankfurt a. M.), wobei ich ihn ertappte. Er war zu Heymann gegangen und hatte ihn aufgefordert, für unsere Leute einen neuen Arbeiter-Bildungsverein zu gründen, der mit einem Zeitungslesezimmer

---

*) Zur Ergänzung dieser Biographieen sei hier nur bemerkt, daß Hofstetten durch seine Heirath mit einer Gräfin v. Strachwitz einiges Vermögen besitzt. Schweizer dagegen ist mittellos und lebte damals seit längerer Zeit auf Kosten des v. Hofstetten, dessen Bekanntschaft er auf dem Schützenfeste zu Frankfurt a. M. machte. J. B. v. Schweizer ist wegen unsittlicher Handlungen mit jungen Menschen in Mannheim verhaftet, in Untersuchung gezogen und zu 14 Tagen Gefängniß verurtheilt worden. Auch in Frankfurt ist er wegen ähnlicher Handlungen schon verurtheilt worden. — (Kann auf Erfordern amtlich bestätigt werden.)

verbunden sein sollte. Er hatte an Lassalle geschrieben und dessen Zustimmung erhalten. Zu mir hingegen kam er und sagte: „Es ist hier etwas im Werke, das nicht gelingen darf." Er wollte uns also hintereinander hetzen. Ich trat vor die Arbeiter und sagte: „Ich sehe mich genöthigt, persönlich zu werden, erlaube aber auch einem Jeden, wenn er mir etwas vorwerfen kann, es mir offen ins Gesicht zu sagen und fordere Jeden dazu heraus. Gemißbraucht sind Strauß, Geybul und Heymann von v. Schweitzer . . . . Was nun den Judas Schweitzer anbelangt, Arbeiter, so werde ich, wenn's nöthig ist, den kleinlichen Intriganten, dieses Menschenskelett zertrümmern. Ich zerbreche ihn wie Glas, denn ich allein unter Euch vertrete ganz die Revolution und habe revolutionäre Kraft in mir. Der Hammer ist erhoben; soll ich den Baron, den Doktor von, mit der Brille auf der hochgetragenen Nase zu Brei zerschmettern? Sagt, Arbeiter, soll ich?" Dieses Gewitter reinigte die Luft. — Schweitzer war so keck, auf mein Zimmer zu kommen und zu fragen: was ich denn gegen ihn hätte? Ich sagte ihm: „Was ich gegen Sie habe, werden Sie schon wissen, Sie spielen eine Doppelrolle in unserm Verein, und ich fordere Sie auf, augenblicklich mein Zimmer zu verlassen, wo nicht, werden Sie in einer Minute entweder durch's Fenster, oder durch die Thüre die Treppe hinunter auf die Straße kommen. — Der ausgemergelte Intrigant steckte dies ruhig ein und entfernte sich augenblicklich. Seit der Zeit hat er hier in der Gemeinde das Intriguiren unterlassen, betreibt es aber auswärts und sucht Dir das Blatt zu entwinden, also einen alten Plan des Herrn v. Hofstetten, der dabei betheiligt ist, auszuführen. Herr v. H. ist in Berlin gewesen; Lassalle sagte mir, er, Lassalle, habe scheinbar den baierischen Spitzenplan angehört und v. H. dazu benützt, 20 Aktien vom Nordstern abzusetzen. Der „Nordstern" muß in Deinen Händen bleiben, und so lange wir dies Blatt in unserm Verein haben, scheitern alle **reaktionären** Ränke. Ich werde Dir treu zur Seite stehen, denn ich habe Dich als guten Revolutionär erkannt. Ueber Liebknecht werde ich Dir später Vieles mittheilen. Er ist ein Hauptintrigant."

Am 9. Juli schrieb Becker über die Begründung des „Social-Demokrat" folgenden zweiten Brief:

„Lieber Freund! — Besäße ich die nöthigen Gelder, so käme ich zu Dir nach Hamburg und würde Dir Dein Organ, welches Du durch so viele Mühseligkeiten hindurch wie Dein liebes Kind behütet hast, zu erhalten helfen. Denn Du weißt, daß ich immer treu zu Dir gestanden. Inzwischen steht zu hoffen, daß Aenderungen zu Deinen Gunsten eintreten. Vielleicht zerschlägt sich an Deiner Festigkeit der

Schweitzer'sche Plan, wie schon so mancher andere sich zerschlagen hat. Auf Deine Haltung kommt Alles an. Mir will es durchaus nicht gefallen, daß Schweitzer das Partei-Organ in die Hand bekommen soll, denn ich halte ihn in seinen socialistischen Ansichten nicht sattelfest, und stütze dabei mein Urtheil sowohl auf die schwankende politische Vergangenheit Schweitzer's, als auch besonders auf unsere Diskussionen im Schooße hiesiger (Frankfurter) Gemeinde. Schweitzer ist ein Anhänger der Schopenhauer'schen Philosophie, nach welcher die existirende Welt die schlechteste von allen möglichen ist. Nach derselben, der auch Hofstetten zugethan ist, kann man nur dann unsern Bestrebungen huldigen, wenn man die Zustände, die nun einmal nicht anders als schlecht sein können, so wenig schlecht als möglich zu machen sucht. Revolutionär kann man nach ihr nur sein, je nachdem man den Willen positiv oder negativ nimmt. Im Ganzen ist diese Philosophie die der Aristokratie und Reaktion, wie Schweitzer, der über sie Vorlesungen in Wien gehalten hat, selbst eingesteht."

Nachdem Becker fortfuhr, im obigen Briefe weitläufig auseinanderzusetzen, wie die Herren v. Schweitzer und v. Hofstetten sich bemühten, Lassalle für ihr Zeitungsprojekt zu gewinnen, schloß er folgendermaßen:

„Dir (Bruhn) schenke ich alles Vertrauen, daß Du den „Nordstern" nicht für die Reaktion mißbrauchen läßest. Hofstetten nebst Frau und v. Schweitzer sind mit Lassalle in der Pfalz. Dort wird der Zeitungsplan näher besprochen werden. Ehe L. mit der Eisenbahn abfuhr — auf dem Bahnhof — sagte ich zu Schweitzer: Sie haben ja in einer Ihrer Schriften den bayerischen Staat als ein Muster gepriesen, weil dort der Liberalismus in voller Blüthe stehe. Schweitzer antwortete mir: „Das geschah in Folge dessen, daß ich Hofstetten meine Broschüre widmete." Ich fuhr fort: Nun haben Sie einmal auch behauptet, daß aller Konstitutionalismus auf Schein beruhe, folglich ist in Bayern der Schein am größten, und diesen Schein haben Sie gelobt. — Schweitzer: „Dieser Schluß ist ganz richtig und läßt sich nichts dagegen sagen." Lassalle schwieg still und sah mich nachdenkend an. — Ehe Du Dich über das Anerbieten Schweitzer's entscheidest, mußt Du Dich über die Frage entscheiden: Soll der „Nordstern" nie aus meiner Hand kommen, damit er nie aufhören kann, revolutionär zu sein. Will ich ihn jemals um eine gute Geldsumme aus der Hand geben, oder will ich den Ruhm der Unkäuflichkeit höher halten, als etwaigen Vortheil? Soll der

„Nordſtern" eher zu Grunde gehen, als in Hände gerathen, die ihn mißbrauchen können?"*)

Während Becker ſo ſich im Sommer noch entſchieden gegen
das Unternehmen des Schweitzer und Hofſtetten erklärt und den
Bruhn vor dieſen Perſonen als „Reaktionärs", die ihn (Becker)
hätten „kaufen" wollen, gewarnt hatte, überraſchte er am 22. November denſelben mit folgendem Schreiben:

„Lieber Freund! Um die Herausgeber des neuen Blattes zu binden,
habe ich einen Vertrag mit ihnen gemacht, daß ſie ihre Politik der des
Vereins anpaſſen müſſen, wogegen ich ihr Blatt als Vereinsorgan empfehle.
Das Erſcheinen der neuen Zeitung, lieber Bruhn, kannſt Du nicht ver-
hindern, ebenſowenig ich, und wenn ſie ſich an den Vertrag hält, wird
ſie ſegensreich für den Verein wirken."

Die Umwandlung der Anſichten B. Becker's über Schweitzer
und Hofſtetten muß erſt wenige Tage vor dieſem Schreiben plötzlich eingetreten ſein, denn nach der Ausſage Bruhn's im „Nordſtern" ſtand Becker noch während ſeiner Wahl Schweitzer und
Hofſtetten feindlich gegenüber und hatte in dieſem Sinne auch
mehrfach, z. B. in Düſſeldorf und Hamburg, wo er kurz vor
ſeiner Wahl verweilte, geäußert, der Schweitzer müſſe aus dem
Vorſtande entfernt werden.

Dieſen Widerſpruch in ſeinem Verhalten zu Schweitzer und
Hofſtetten ſuchte Becker in ſeiner Rede zu Hamburg am 22. März
1865 damit auszugleichen, daß er erklärte, durch die Erfahrung
belehrt, die beiden Genannten überzeugungstreu und völlig zu-
verläſſig gefunden zu haben. — Zugleich aber behauptete er im
Widerſpruch mit den thatſächlichen Angaben in jenen Briefen, —
welche übrigens damals noch nicht veröffentlicht waren, — die
Gründung des „Social-Demokrat" ſei das Werk Laſſalle's,
und auf deſſen Veranlaſſung ſeien die beiden Redakteure von
Schweitzer und von Hofſtetten nach Berlin übergeſiedelt.

---

*) Abgedruckt ſind vorſtehende Briefe in der Beilage zu Nr. 307 des
„Nordſtern" („Ein unumwundenes Wort von Joh. Phil. Becker").

Ueber die Gründung des „Social-Demokrat" erzählt Friedrich Reusche in Zürich, dessen Mitarbeiter bis März 1865, in Nr. 87 der „Rheinischen Zeitung" noch Folgendes: „Am Nachmittag des 2. September setzte mir Hofstetten auf dem Balkon des Hôtel Victoria in Genf seinen Plan, ein social-demokratisches Blatt in Berlin zu gründen, auseinander. Damals bereits machte ich ihn auf die unzweckmäßige Wahl des Ortes aufmerksam, wo im Mittelpunkt der Reaktion dies Blatt unmöglich gedeihen könne. Ich schlug ihm Frankfurt a. M. oder wenigstens Köln vor; der Herr Hofstetten suchte mein Bedenken zu zerstreuen durch die Bemerkung, daß die konservative Partei der Socialdemokratie freundlicher gesinnt sei, als die Fortschrittspartei, das Blatt habe gerade in Berlin, wo die Beamten Conservative seien, mehr Schonung zu erwarten, als am Rhein, wo die Beamten meist zur Fortschrittspartei gehörten."

Sodann weiter: „Nicht allzu angenehm war ich berührt von der Nachricht, daß Herr v. Schweitzer als Redakteur fungiren werde, nicht etwa wegen der Mannheimer Antecedenzien dieses Herrn, diese sind mir höchst gleichgültig; meine Anschauungen über Moral und Sittlichkeit richten sich nicht nach den gewöhnlichen Philisterbegriffen, und die unsittlichsten Menschen sind meistens geistreiche Leute; aber Herr v. Schweitzer ist, wie sein Buch „Der Zeitgeist und das Christenthum" beweist, ein großer Verehrer und theilweiser Anhänger Schopenhauer's, voll unklarer, unpraktischer Ideen. Die Erscheinung aber, daß die Anhänger Schopenhauer's früher oder später in die Reihen der Reaktion treten, habe ich zu oft beobachtet, und Jeder, welcher Schopenhauer's Philosophie kennt, wird diese Erscheinung erklärlich finden."

Statutenmäßig hätte Becker, wie er in seiner „Botschaft" an die General-Versammlung zu Düsseldorf selbst zugiebt, der Anerkennung des „Social-Demokrat" als Vereinsorgan einen Beschluß des Vereins-Vorstandes vorhergehen lassen müssen.

Becker unterließ dies aber, weil, wie er in seiner Botschaft auseinandersetzt, der persönliche Zusammentritt der Vorstands-Mitglieder zu viele Kosten verursache, und in der demnächst abzuhaltenden General-Versammlung die Hälfte der seitherigen Vorstandsmitglieder statutenmäßig zu erneuern war.

Nichtsdestoweniger gab der am 15. December 1864 in der ersten Probenummer erscheinende „Social-Demokrat" auch ohne diese Genehmigung sich als Organ des Allgemeinen Deutschen Arbeitervereins aus. In der in 50,000 Exemplaren unentgeltlich verbreiteten Probenummer wurden als Mitarbeiter aufgeführt außer B. Becker, Joh. Ph. Becker in Genf, F. Engels zu Manchester, Georg Herwegh zu Zürich, M. Heß zu Paris, W. Liebknecht zu Berlin, Carl Marx zu London, W. Rüstow zu Zürich und Prof. H. Wuttke zu Leipzig.

Als Programm des „Social-Demokrat" wurden drei Gesichtspunkte aufgestellt: die Solidarität der Völkerinteressen und der Volkssache durch die ganze civilisirte Welt, das ganze gewaltige Deutschland, den Einen freien Volksstaat und Regierung des Staats durch die Arbeit.

Viertes Kapitel.
Die Düsseldorfer General-Versammlung.

Zu jener Nichtbeachtung der Statuten durch eigenmächtige Anerkennung des „Social-Demokrat" als Vereins-Organ seitens des Präsidenten B. Becker kam eine direkte Verletzung der Statuten in der General-Versammlung zu Düsseldorf am 27. Dezember.

Nachdem der Versuch Schlingmann's in Berlin, Becker ein Honorar von 500 Thalern zu erwirken, fehlgeschlagen war, brachte Fritzsche in Leipzig den Antrag auf Statutenveränderung vor, wonach das Sekretariat mit dem Präsidium verschmolzen werden und Bernh. Becker nicht nur 400 Thaler als Sekretariatsgehalt, sondern auch noch als Präsident 100 Thaler dazu haben sollte.

Die Mitglieder Luscher und Hasselbacher — dieselben, welche später von Becker aus dem Verein ausgeschlossen wurden — hatten sich jedoch entschieden dagegen erklärt, und der Antrag war schließlich suspendirt worden.*)

Gleichwohl brachte Fritzsche diesen Antrag auf der General-Versammlung in Düsseldorf vor. Zu dieser General-Versammlung hatten sich zwanzig Personen als Vertreter der verschiedenen Gemeinden in Düsseldorf eingefunden. Fritzsche von Leipzig vertrat allein sieben, Hellner von Frankfurt vier und Försterling von Dresden drei Gemeinden. Einem gewissen Feiler von Düsseldorf wurde die Vertretung Schlesiens von der Versammlung übertragen. Die Versammlung bestand durchweg aus einfachen Leuten, Fabrikarbeitern und Handwerkern; von „Männern der Wissenschaft" hatte sich Niemand, weder Dammer, noch Prof. Wuttke, noch Martini-Kaulehmen, noch Th. Müller von Frankfurt eingefunden. Die meisten der Anwesenden lebten aus der Vereinskasse und wurden von Bernhard Becker im Gasthof zum Prinzen von Preußen gespeist.**)

Nachdem diese Versammlung den bisherigen Vereins-Sekretär Willms aus dem Vorstande durch das Loos ausgeschieden und er in denselben nicht wieder gewählt worden war, beschloß man, Fritzsche's Antrag gemäß, obwohl derselbe, wie im Protokoll bemerkt wurde, „allerdings in Etwas gegen das Statut verstoße," Präsidium und Sekretariat zu vereinigen und Becker zu den 400 Thalern Sekretariatsgehalt noch 100 Thaler jährlich zu bewilligen. Es sei hier bemerkt, daß die Statuten selbst der General-Versammlung verbieten, innerhalb von fünf Jahren nach Gründung des Vereins (1863) eine Statutenänderung vorzunehmen.

---

*) Rede Friedr. Arndt's im Altonaer „Nordstern" vom 8. April 1865.

**) „Wunderschöne Neuigkeiten" von Dültgen in Solingen im „Nordstern" vom 27. Mai 1865.

Die Entfernung von Willms aus dem Sekretariat und dessen Verbindung mit dem Präsidium hatte aber auch noch in anderer Beziehung eine Bedeutung. In dem Testament Lassalle's findet sich folgende Stelle: „Ich bestimme ferner, daß während der Dauer von fünf Jahren jährlich fünfhundert Thaler dem Sekretär des Allg. Deutschen Arbeitervereins, Eduard Willms in Berlin, ausbezahlt werden, damit dieser nach seinem Belieben sie zur Agitation für den Verein bestens gewissenhaft verwende." Becker scheint dieses Legat so aufzufassen, daß Willms jene 500 Thaler nur ausgesetzt seien, „im Falle derselbe noch Sekretär sei." Wenigstens hat er mit Hinzufügung dieser Klausel dem Willms von dem Legat die erste Kunde gegeben. Ist diese Auffassung richtig, so werden dem Willms mit seiner Entfernung aus dem Sekretariat diese ihm von Lassalle zu selbstständiger Agitation ausgesetzten Mittel entzogen, was für die Stellung des Sekretariats dem Präsidium gegenüber wesentlich ist. Zugleich erwuchs alsdann Becker eine Aussicht, von den Erben Lassalle's dieses Legat für sich, als den Nachfolger von Willms, ausgezahlt zu erhalten. Weniger willfährig*) als in Bezug auf die Dotation des Präsidenten aus der Vereinskasse, erwies sich die General-Versammlung hinsichtlich des „Social-Demokrat", dessen Anerkennung als Vereins-Organ Becker hier nachträglich beantragte.

In seiner „Botschaft" an die Generalversammlung bemerkte Becker hierüber: „Gleichwohl brauche ich für eine getroffene Anordnung, die mir dringend schien, die Genehmigung des Vorstandes, oder vielmehr, da jetzt die souveraine Vertretung der Gemeinden selbst anwesend ist, die Genehmigung der Generalversammlung. Ich meine die Gründung eines Vereinsorgans. Ich werde Ihnen, wenn meine Vorlagen an die Reihe kommen,

---

*) In den „Wunderschönen Neuigkeiten" von Dültgen wird diese Willfährigkeit in Geldsachen daraus erklärt, daß die Mitglieder der General-Versammlung meistens selbst aus der Vereinskasse lebten, und sich scheuen mußten, über ihre Verausgabungen von Vereinsgeldern zur Rechenschaft gezogen zu werden.

genau den Sachverhalt mittheilen, und wenn Sie nicht finden, daß ich für den Verein gesorgt habe, wie für meinen Augapfel, so will ich mich gern bescheiden, wenn Sie mir die Genehmigung vorenthalten." Die Versammlung war indeß nicht der Meinung, daß Bernhard Becker für den Verein, wie für seinen Augapfel gesorgt habe. Die Vertreter der Hamburger Mitglieder, Perl und Audorf, wie ein gewisser Hillmann von Elberfeld, als Vertreter der Mitglieder von Altona, hatten sogar den schriftlichen Auftrag mitgebracht, die Entfernung des Redakteurs des „Social=Demokrat", J. B. v. Schweitzer, aus dem Vorstande des Vereins zu beantragen. Dieser Antrag wurde zwar durch die Ausloosung des Schweitzer aus dem Vorstand und Nichtwiederwahl in denselben erledigt; in Bezug auf die Anerkennung des „Social=Demokrat" als Vereinsorgan hatte Hesse von Hamburg die eben mitgetheilten Briefe Becker's an Bruhn, worin dieser vor Schweitzer und Hofstetten als Reactionärs gewarnt wird, zur Ansicht mitgebracht. Der Vereinskassirer Lewy von Düsseldorf äußerte dazu, daß er das Benehmen Becker's nicht begreife, da derselbe, wie in Hamburg, so auch in Düsseldorf, schon früher sich in den stärksten Ausdrücken gegen den v. Schweitzer ausgesprochen habe. — In Folge dessen verhinderte die Versammlung nur die Furcht, B. Becker würde, statt sich „gern zu bescheiden", das Präsidium niederlegen, dem „Social=Demokrat" die Anerkennung als Vereinsorgan definitiv zu verweigern.*) Es wurde dagegen ein Antrag von Perl aus Hamburg nach lebhafter Debatte einstimmig angenommen, die Regelung dieser Angelegenheit einstweilen dem Vorstand zu übertragen, welcher nach genauer Prüfung darüber entscheiden solle, ob der „Social=Demokrat" als ein Organ des Vereins anzuerkennen sei oder nicht.**) Trotz dieses die Anerkennung vorbehaltenden Beschlusses, und trotzdem

---

*) Vgl. darüber „Zum Aufschluß" von Karl Bruhn, im „Nordstern" vom 13. Mai 1865.
**) Vgl. „Nordstern" vom 14. Januar 1865.

der zu dieser Anerkennung autorisirte Vorstand dieselbe auch später nicht — wenigstens nicht vor der Spaltung des Vereins im Frühjahr 1865 — aussprach, blieb am Kopfe des „Social-Demokrat" doch nach wie vor die Bezeichnung „Organ des Allgemeinen Deutschen Arbeitervereins" bestehen. Der „Social-Demokrat" theilte diesen Beschluß der Generalversammlung seinen Lesern nur in einem noch andere Beschlüsse aufzählenden Telegramm mit den Worten mit: „Partei-Organs-Frage der Vorstandsgenehmigung anheimgegeben". Eine Redactions-Bemerkung erläutert dies gleichsam, als ob die Generalversammlung sich für nicht legitimirt in dieser Frage erklärt hätte, dahin:*) „Da nämlich die Einsetzung eines Vereins-Organs von Seiten des Präsidenten nur eine provisorische sein konnte, so ist die Bestätigung des Vorstandes erforderlich, um ein Definitivum zu erzielen." —

Fünftes Kapitel.

Die „Bismarck-Artikel".

Das Zusammentreten des Landtages in Berlin am 14. Januar gab dem „Social-Demokrat" Veranlassung, seine Richtung, sowohl in der inneren als auswärtigen Politik, offenkundig werden zu lassen.

Auf den 22. Januar wurde von dem „Berliner (Schulze'schen) Arbeiterverein" eine Arbeiterversammlung in die Tonhalle zu Berlin berufen, „um den Mitgliedern des Landtages Gelegenheit zu geben, sich von den Wünschen der Arbeiter in Betreff des Coalitionsrechtes und auch davon Kenntniß zu verschaffen,

---

*) Vgl. „Social-Demokrat" vom 30. December 1864.

daß sie bei Gewährung desselben besondere Strafgesetze gegen etwaige Ausschreitungen völlig ungerechtfertigt halten." Letztere Ansicht hatte nämlich eine am 26. October 1864 von dem Centralverein für das Wohl der arbeitenden Klassen veranlaßte Versammlung in ihre sich für Coalitionsfreiheit aussprechende Resolution einfließen lassen, welche die Gewährung der Coalitionsfreiheit von dem Erlaß besonderer Strafbestimmungen zum Schutz der öffentlichen Ordnung und der individuellen Freiheit abhängig zu machen schien. Im Gegensatze hierzu verlangte diese auch von Mitgliedern des Allgemeinen Deutschen Arbeitervereins besuchte Arbeiterversammlung einfache Aufhebung des Coalitionsverbotes, da schon die bestehenden Strafgesetze gegen Störungen der öffentlichen Ordnung und Beeinträchtigungen der individuellen Freiheit einen mehr als ausreichenden Schutz gewährten.*)

Wenige Tage nach dieser Versammlung brachten Schulze-Delitzsch und Faucher den Antrag auf einfache Aufhebung der die Coalitionsfreiheit beschränkenden §§. 181 und 182 der Gewerbe-Ordnung vom 17. Januar 1845 im Abgeordnetenhause ein. Nichtsdestoweniger bemerkte der „Social-Demokrat" in Nr. 14 vom 27. Januar: „Das Betragen der Fortschrittspartei gegen die Arbeiter übersteigt in der That alle Grenzen." „Die Fortschrittspartei sanctionirt in ihrem Antrage genau das, wogegen die Arbeiterversammlung im Voraus ausdrücklich protestirt hat." Zugleich wies Becker unter dem 30. Januar seine Bevollmächtigten an, sofort überall große Arbeiterversammlungen zu veranstalten und dieselben beschließen zu lassen, daß der von Faucher und Schulze eingebrachte Antrag den Arbeiterstand nicht zu befriedigen vermöge, sondern daß vielmehr, wenn die Arbeiter nicht mit Scheinzugeständnissen geblendet werden sollten, die sämmtlichen Ausnahmebestimmungen, welche auf die Arbeiter Bezug haben, namentlich

---

*) Wörtlich wurde in dieser Beziehung beschlossen: Die Versammlung protestirt im Falle der Gewährung des Coalitionsrechts gegen jede nicht durch die allgemeinen Landesgesetze bedingte Beschränkung.

auch die §§. 183 und 184 der Preuß. Gewerbe-Ordnung ausdrücklich aufzuheben sind.

„Kreuzzeitung" und „Norddeutsche Allgem. Zeitung" druckten
diese gegen die Fortschrittspartei gerichtete Beschuldigung sofort
nach. Was die hervorgehobenen §§. 183 und 184 anbelangt, so
steht nur der §. 183 — Strafandrohung für die Bildung von
Verbindungen von Gesellen, Gehülfen oder Lehrlingen ohne poli-
zeiliche Erlaubniß — mit dem Coalitionsverbot in näherer Beziehung; der §. 184 dagegen enthält Strafandrohungen lediglich
gegen Contraktsbruch. Der Antragsteller Schulze rechtfertigt sich
gegen jene Beschuldigung in der Sitzung der Handels- und Gewerbe-Commission am 4. Februar und der Sitzung des Abgeordnetenhauses vom 13. Februar folgendermaßen: Der §. 183 ist
schon durch die Verfassung aufgehoben, weil er sich nicht auf die
Coalitionen, sondern auf das Vereinsrecht der Arbeiter bezieht.
Der Artikel 29 der Verfassungs-Urkunde gehört zu den klarsten;
er erlaubt alle Vereine, deren Tendenz nicht den Strafbestimmungen zuwiderläuft. Auch das Ausführungsgesetz zu diesem Artikel haben wir in dem Vereinsgesetz. Dies sichert den Arbeitern
dieselben Rechte, welche die übrigen Staatsbürger haben, indem
es nur die Lehrlinge von politischen Vereinen ausschließt. —
Es ist zu bedenken, was man mit der Aufhebung eines solchen
Paragraphen beschließen würde. Wir Alle kennen den Werth des
Versammlungsrechts für den einzelnen Arbeiter und für die Ge-
nossenschaften. Sollen wir die Basis dieses Rechtes anzweifeln?
Wenn wir das im einzelnen Falle thun, zweifeln wir die Rechts-
beständigkeit der Verfassung an, tasten wir an die heiligsten Grund-
rechte des Volkes. Auch bei §. 184 habe ich bedeutende Bedenken,
obgleich ich seine Bestimmungen für gehässig halte, obgleich ich
die Rechtsungleichheit, in welche durch ihn der Arbeiter gesetzt ist,
beseitigt wissen will. Wennschon der §. 184 deshalb gehässig ist,
weil er auf den Contraktsbruch des Arbeiters eine Criminalstrafe
setzt, so wird er doch noch gehässiger, weil nicht auch der Arbeit-
geber derselben Strafe unterliegt. Aber ein solches Gesetz kann
nicht gelegentlich aufgehoben werden, es muß zugleich die Aufhe-

bung aller derjenigen Beschränkungen umfassen, welche sonst noch der persönlichen Freiheit entgegenstehen. Daß zu allen diesen Consequenzen die Conservativen ihre Zustimmung geben würden, ist nicht wahrscheinlich; sie werden sich daher der Aufhebung des §. 184 widersetzen. Wir müssen uns in Folge dessen der Besorgniß hingeben, daß wir durch das Anstreben des Mehreren, welches in der Aufhebung des §. 184 liegt, die Erreichung des Wenigen zerstören.

Während dem gegenüber der „Social-Demokrat" im Verein mit B. Becker fortfuhr, die Fortschrittspartei der Perfidie und des Verrathes an den Arbeitern zu beschulbigen, überbot er sich zugleich in Lobpreisungen des Verhaltens der Regierung zum Arbeiterstand. In Nr. 8 vom 13. Januar bemerkt er zu einem Artikel der offiziösen „Norddeutschen Allgemeinen Zeitung": „Das ministerielle Organ erkennt nicht nur die hohe Bedeutung der socialen Frage, sondern auch ihre, aus den unläugbar vorhandenen socialen Leiden hervorgehende Berechtigung unzweifelhaft an und ermöglicht uns somit die Erwartung, daß die seinerzeit der Deputation der schlesischen Weber ausdrücklich versprochene „gesetzliche Regelung" der einschlägigen Fragen baldigst in entsprechender Weise ihre Anbahnung finden werde."

Am 31. Januar, dem Tage nach jenen Beschulbigungen der Fortschrittspartei, ist für den „Social-Demokrat" diese Erwartung schon in Erfüllung gegangen. Er schreibt nämlich:

Berlin, 31. Januar. Zur Arbeiterbewegung geht uns soeben aus glaubwürdiger Quelle eine höchst beachtenswerthe Nachricht zu. Bekanntlich hat die Fortschrittspartei unter dem Drucke der Allgemeinen Arbeiterversammlung, welche am 22. Januar dahier stattfand, im Abgeordnetenhause einen Antrag auf Gewährung des Coalitionsrechts eingebracht. Allein sie hat sich nicht zu dem Entschluß zu ermannen vermocht, ganz und voll der Arbeiterklasse ihr Recht zu Theil werden zu lassen; nur die theilweise Abschaffung der Ausnahmestrafbestimmungen, unter denen die Arbeiter stehen, hat die „liberale" Fortschrittspartei beantragt. Nun hören wir heute, daß die Regierung eine Vorlage einbringen wird, in welcher den Arbeitern unter Aufhebung sämmtlicher Ausnahmestrafbestimmungen, also ohne alle Beschränkung, das Coalitionsrecht ertheilt werden soll. Wie aber — so müssen wir fragen — wie steht alsdann diese „liberale" Partei, welche die Volksrechte zu verfechten vorgiebt, der Regierung gegenüber da, welche ganz ertheilen will, was jene nur halb ertheilen wollte. Wir warten eine unzweifelhafte Bestätigung der von uns gebrachten Nachricht ab, um uns des Näheren über diesen Punkt zu äußern.

Im Widerspruch mit dieser „höchst beachtenswerthen Nachricht aus glaubwürdiger Quelle" erklärte schon am 4. Februar der Vertreter der Staatsregierung in der Handels- und Gewerbe-Commission des Abgeordnetenhauses, die Regierung sei in der Frage wegen Aufhebung des Coalitionsverbotes noch nicht schlüssig geworden. In der Sitzung des Abgeordnetenhauses vom 13. Februar vervollständigte der Handelsminister diese Erklärung dahin, daß die Regierung eine Erörterung der einschlagenden Fragen außer durch Anfrage bei den Provinzialbehörden und den Organen des Handelsstandes durch eine besondere Kommission veranlassen werde. Trotz dieser jede Reform vorläufig verschiebenden Erklärungen schrieb der „Social-Demokrat" am 27. Februar: „Die Regierung hat Hand angelegt an die Arbeiterfrage; nicht von ihren Worten, von ihren Thaten wird es abhängen, ob die Arbeiter jenes Eingreifens der Regierung sich zu freuen haben oder nicht." Am 22. Februar druckte der „Social-Demokrat" an seiner Spitze einen Leitartikel der „Norddeutschen Allgemeinen Zeitung" ab, welcher unter der Ueberschrift: „Das allgemeine Stimmrecht und die Arbeiterfrage" die Mittel der liberalen Partei zur Lösung der Arbeiterfrage verspottet, und unter Hinweis auf eine im Abgeordnetenhause von feudaler Seite zu Gunsten der Anerkennung des „Richtigen und Wahren an dem allgemeinen Stimmrecht" gefallenen Bemerkung mit einer Lobrede auf die konservativen Parteien in Preußen schließt, welche im Gegensatze zu anderen Staaten „die große und schöne Rolle übernommen haben, nicht zäh an der Vergangenheit und ihren eigenen Interessen festzuhalten, sondern im Gegentheil die Zukunft mit ernsten Augen betrachten und die Interessen jener Klasse der Staatsbürger in ernste Erwägung ziehen, die noch stets von dem Liberalismus, und von Niemand sonst, zu seinen eigennützigen Zwecken ausgenützt worden sind!"

Hand in Hand mit dieser Lobpreisung der Bestrebungen des Ministeriums für den Arbeiterstand geht die Bewunderung über die auswärtige Politik desselben. Am 8. Januar schreibt der „Social-Demokrat" in einem Artikel „Das Ministerium Bismarck und die Regierungen der Mittel- und Kleinstaaten": „Von den beiden Großmächten aber hat die eine der anderen den Vorrang abgenommen — Preußen ist in diesem Augenblick, was seit 1815 Oesterreich in Deutschland war, die erstentscheidende Macht", und dann weiter:

„Zweierlei in dieser Sache aber muß man, sei man nun mit der Haltung des preußischen Ministeriums einverstanden oder nicht, unbedingt zugeben.

Vom preußischen Standpunkte aus: daß Preußen seit undenklicher Zeit zum ersten Mal wieder die selbstständige, fast könnte man sagen die dominirende Politik einer wirklichen Großmacht verfolgt; vom deutschen Standpunkte aus: daß durch diese Haltung Preußens die Nothwendigkeit einer durchgreifenden Lösung der deutschen Frage immer dringender hervortreten muß."

Am 27. Januar eröffnet der „Social-Demokrat" in derselben Nummer, in welcher er das Verhalten der Fortschrittspartei in der Coalitionsfrage als ein perfides darzustellen suchte, eine Reihe von Artikeln, „das Ministerium Bismarck" überschrieben. Er leitet dieselben mit folgendem Satze ein:

„Sollte es, wenn wir unter diesem Titel die Preußischen Staatsverhältnisse einer Besprechung unterziehen — sollte es vonnöthen sein, die Berechtigung des Titels erst noch besonders nachzuweisen? Wir glauben kaum!

Denn dieses Wispern und Zischeln, dieses Schimpfen und Lästern, dieses Toben und Schreien, dieses Kommen und Gehen — es war ja allezeit und ist auch heute noch das Zeichen, daß dem allgemeinen Gefühle nach eine besondere, dem Geleise des Hergebrachten sich enthebende, eine außergewöhnliche Erscheinung vor die Welt getreten ist."

Wenige Zeilen darauf heißt es:

„Parlamentarismus oder Cäsarismus?" schreit man liberalerseits in die Welt hinein, ohne zu bedenken, wie wenig schmeichelhaft für die Schreienden die Stichworte gewählt sind. Denn „Parlamentarismus" heißt Regiment der Mittelmäßigkeit, heißt machtloses Gerede, während „Cäsarismus" doch wenigstens kühne Initiative, doch wenigstens bewältigende That heißt."

Im weiteren Verfolg setzte er auseinander, daß Bismarck, wenn er hohe Politik agiren wollte, nur den von ihm bisher verfolgten Weg einschlagen durfte, und bemerkt dann:

„Wir sehen also nicht ein, warum durchaus der Gang der Ereignisse und nicht planmäßige Aktion der Staatslenker die jetzige Lage herbeigeführt haben soll."

Im zweiten Artikel über das Ministerium Bismarck in Nr. 18 vom 5. Februar schildert er den Entwickelungsgang der preußischen Monarchie. Es heißt darin u. A.:

„— — kurz, da das Ganze in besonderer Weise zu einem der Hauptsache nach selbstständigen Organismus mit eigenem inneren Leben erwachsen ist: so mußte sich in diesem deutschen Lande der Gesammtheit gegenüber ein besonders hartnäckiger, weil besonders berechtigter und vernünftig begründeter, partikularistischer Geist in der Bevölkerung, wenigstens in derjenigen der alten, den Charakter des Ganzen vorzugsweise bestimmenden Provinzen ausbilden.

Es mußte aber ferner — und dies ist das zweite! — der oben bezeichnete geschichtliche Entwickelungsgang bewirken, daß die Bevölkerung in Preußen eine vorwiegend royalistische wurde. Und auch dieser preußische Royalismus ist nicht mit der anderwärts vorfindlichen „Treue gegen das angestammte Herrscherhaus" zu vergleichen. Denn während ein solcher Geist in den einen deutschen Staaten zwar nicht ohne alle Begründung sein mag, jedenfalls aber alles höheren politischen Ernstes und der tieferen Würde entbehrt, in den andern Staaten aber geradezu als Karrikatur dessen erscheint, was man Royalismus nennt, ist der königliche Geist in Preußen eine wohlbegründete politische Anschauungsweise und Richtung. Denn die Dynastie und in ihr der jedesmalige Regent können mit innerer Berechtigung als der Culminationspunkt der aufsteigenden Skala der herkömmlichen Elemente, als der Schwerpunkt der in hergebrachten Bahnen rotirenden Kräfte, als Herz und Gehirn des Organismus inner-

halb eines Staatsganzen betrachtet werden, welches nur so und unter
solcher Voraussetzung seine eigenthümliche Wesenheit und seine dermalige
Stellung erlangte und erlangen konnte."

Am Schlusse heißt es dann:

„Ein wahrhaft preußisches Ministerium, d. h. ein solches,
welches die aus der Geschichte des preußischen Staats hervorgegangene
Wesenheit desselben zu befestigen und weiter zu entwickeln strebt, kann
weder in Gemäßheit bloßen Schablonen-Conservatismus lediglich die
stupide Aufrechthaltung des gerade Vorhandenen beabsichtigen,
wie dies konservative Ministerien in Preußen lange gethan; noch auch kann
es die dem Staate von seiner Geschichte indicirte äußere Politik unter
Aufgebung des innern Charakters des Staates anstreben, wie
dies die liberale Partei unter Verlegung des Machtschwerpunktes von der
Krone hinweg in das Abgeordnetenhaus beabsichtigte."

In dem fünften Artikel über das Ministerium Bismarck in
der Nr. 28 vom 1. März kommt der Verfasser zu folgendem
Ergebniß:

„Wir sehen eine große Nation von 40 Millionen Menschen, deren
politische Verfassung durch und durch morsch ist.

Dieser Zustand kann nicht gut thun.

Wer — fragt es sich also — wer — abgesehen von der Nation
selbst — kann hier überhaupt eine Veränderung bewirken, wer
kann hier — gleichgültig in welcher Richtung — überhaupt agiren, überhaupt eingreifen in die Geschicke?

Daß die deutsche Frage nur von der deutschen Nation gelöst werden
kann, steht, wie gesagt, außer Zweifel — aber es fragt sich außerdem:
Wer kann überhaupt Hand anlegen an die Lösung dieser Frage, wer kann
in Deutschland überhaupt irgend eine durchgreifende Aenderung
hervorbringen?

Von den „bestehenden Gewalten" — dies glauben wir nachgewiesen
zu haben — lediglich Preußen, weil Preußen allein durch seine Geschichte und seine Wesenheit zur entsprechenden Initiative befähigt ist.

Dies also ist unser wichtigstes Resultat:

Der Bundestag, Oesterreich, die Mittel- und die Kleinstaaten sind
schlechthin ohnmächtig der deutschen Frage gegenüber — im Guten wie
im Schlimmen.

Aktionsfähig in Deutschland sind nur noch zwei Fak-
toren: Preußen und die Nation.

Preußische Bajonette oder deutsche Proletarierfäuste — wir sehen kein Drittes.

Alle außerordentlichen Erscheinungen, welche mit dem Ministerium Bismarck verknüpft sind, die ganze eigenthümliche Lage der deutschen Verhältnisse in diesem Augenblick zusammt dem Stand der schleswig-holsteinischen Frage — wir werden sie begreifen, wenn wir festhalten:

Das Preußenthum ist der Feind des Deutschthums; aber es ist auch der Feind der „bestehenden Gewalten" Deutschlands.

Die Nation steht fest auf ewigem Fundament — die Fürstenstühle Deutschlands aber müssen wanken, wenn Preußen sich erinnert, daß Friedrich der Große sein König war."

Sechstes Kapitel.

Die Spaltung der social-demokratischen Partei.

In dem Maße, als der „Social-Demokrat" das Ministerium Bismarck mit Lob zu überschütten begann, fing der „Nordstern", das von dem alten Socialdemokraten Karl Bruhn redigirte und schon zu Lebzeiten Lassalle's am entschiedensten und rückhaltlosesten social-demokratische Organ in Hamburg an, die social-demokratische Partei vor der Taktik der Redakteure des Social-Demokrat und den „Komödianten, Spekulanten und feilen Schurken", die „aus fremdem oder gar feindlichem Lager hergelaufen" seien, jedoch ohne Nennung von Namen, zu warnen. —

Am 18. Februar sprach sich der Nordstern in einem Artikel „Unsere Stellung" direkt gegen das Bündniß der social-demokratischen Partei mit der Reaktion aus.

Am Schlusse desselben heißt es:

Diese Beispiele werden hoffentlich genügen als Beweise, wie verderblich es ist, mit dem einen Gegner ein Bündniß zu schließen, um einen zweiten Gegner zu bekämpfen. Wenn wir beide als unsere Feinde erkannt haben, so dürfen wir nun und nimmer einem derselben die Hand reichen, oder auch nur ihn beweihräuchern. Nein! die Volkspartei hat ihren eigenen, genau vorgeschriebenen Weg zu gehen, keine Zugeständnisse zu machen und auch nicht kleine, unbedeutende zu begehren, sondern nur ihr volles und ganzes Recht zu beanspruchen und zu erkämpfen. Der schlichte, grade Sinn unsres Volkes versteht sich nicht auf spitzfindige Disteleien, und will daher von ihnen auch nichts wissen; es ist sein Wille und muß sein Wille sein, frei und selbstständig zu werden und des Vaterlandes Freiheit und Einheit zu erringen, aber nicht auf Umwegen, nicht durch schlaue Berechnungen, die nur zu oft sich in Verrechnungen verwandeln und Verderben bringen.

Auf unserm Banner steht: **Gleichberechtigung und allgemeines, gleiches und direktes Wahlrecht**; wer kann ernstlich glauben, die Reaktion werde uns diese Forderungen bewilligen, selbst wenn wir uns zu ihrer Lobhudlerin herbeilassen, ja selbst wenn wir uns als ihre Verbündete zur Niederwerfung ihrer augenblicklich unbequemsten Gegner hergeben könnten? oder sollten wir etwa jene Forderungen fallen lassen? diese Frage bedarf wahrlich keiner Antwort. Mag mit der Reaktion liebäugeln, wem dieses zusagt, wir aber, die Männer des Volkes werden uns nie dazu verstehen und können uns auch nie dazu verstehen, ohne unserem Streben untreu zu werden und uns in eine schiefe Stellung zu bringen.

An diesen Artikel schloß sich ein Artikel „Reinigung", von A. Wagner an, über die „problematischen Naturen", „demokratischen Tartüffes", „geistigen Sodomiten" und „Volksfreunde, deren rechte Hand künstliche Schwielen, die linke Hand jedoch ein Glacé-Handschuh bedeckt."

Am 25. Februar endlich brachte der „Nordstern" einen Artikel „Unser Protest", an dessen Schluß es heißt:

Wir schreiben diese Zeilen als eine Warnung für unsere redlichen Freunde und Parteigenossen, damit sie auf der Hut sind und sich nicht vom Fuchse, der, wie er jetzt vielleicht selbst einsieht, etwas zu früh aus seinem Bau gekrochen ist, mißbrauchen und auf einen falschen Weg führen lassen. Dem Fuchse aber empfehlen wir als passendes Motto die folgenden Worte eines preußischen Professors, welche derselbe seinen Zuhörern auftischte, nämlich: „Preußen ist zu vergleichen mit einer Riesenharfe, ausgespannt im Garten Gottes, zu leiten den Choral des Weltalls!"

Schließlich erheben wir Protest gegen das Gebahren, mit welchem das Streben des Allgemeinen Deutschen Arbeiter-Vereins verunglimpft und geschädigt werden soll; wir erklären nochmals, daß wir wachen werden und allen jesuitischen Ränken entschieden entgegentreten; dabei gönnen wir aber den Bismarck'schen Lakaien zugleich von ganzem Herzen ihren neuen Rock, der für sie ein passender Schmuck ist.

Wenige Tage darauf brachten die öffentlichen Blätter Proteste gegen die Taktik des „Social-Demokrat" Seitens seiner bisherigen Mitarbeiter.

So erklärten am 24. Februar Friedrich Engels und Karl Marx aus London:

Die Unterzeichneten versprachen ihre Mitarbeit am „Social-Demokrat" und gestatteten ihre Nennung als Mitarbeiter unter dem ausdrücklichen Vorbehalt, daß das Blatt im Geist des ihnen mitgetheilten kurzen Programmes redigirt werde. Sie verkannten keinen Augenblick die schwierige Stellung des „Social-Demokrat" und machten daher keine für den Meridian von Berlin unpassenden Ansprüche. Sie forderten aber wiederholt, daß dem Ministerium und der feudal-absolutistischen Partei gegenüber eine wenigstens eben so kühne Sprache geführt werde, wie gegenüber den Fortschrittlern. Die von dem „Social-Demokrat" befolgte Taktik schließt ihre weitere Betheiligung an demselben aus. Die Ansicht der Unterzeichneten von Königl. preußischem Regierungs-Socialismus und von der richtigen Stellung der Arbeiterpartei zu solchem Blendwerk findet sich bereits ausführlich entwickelt in Nr. 73 der deutschen Brüsseler Zeitung vom 12. Sept. 1847, in Antwort auf Nr. 206 des damals in Köln erscheinenden „Rheinischen Beobachters", worin die Allianz des „Proletariats" und der „Regierung" gegen die liberale „Bourgeoisie" vorgeschlagen war. Jedes Wort unserer damaligen Erklärung unterschreiben wir noch heute."

Gleichzeitig mit Engels und Marx, war zu Berlin W. Liebknecht von dem „Social-Demokrat" zurückgetreten.*)

---

*) W. Liebknecht motivirte diesen Rücktritt, im Verein der Berliner Buchdrucker-Gehülfen, am 28. Februar, nach dem „Nordstern" folgendermaßen:

„Der Umstand, daß die Fortschrittspartei ihre Pflichten nicht erfüllt hat,

Am 4. März schlossen sich diesem Proteste Georg Herwegh und Wilhelm Rüstow aus Zürich, in folgender Erklärung an die Redaktion des Social-Demokrat an:

"Schon wiederholt haben wir gegen die sogenannte „Taktik" des „Social-Demokrat", das Gute zu nehmen, woher es auch komme, protestirt. Es ist Ihnen also bekannt, daß wir die in der Erklärung der Herren Engels und Marx (Social-Demokrat Nr. 29) über die Taktik Ihres Blattes ausgesprochenen Ansichten vollständig theilten. Obgleich zuerst entschlossen, unsere Mitarbeiterschaft an dem „Social-Demokrat" stillschweigend aufhören zu lassen, halten wir es doch nach der ausdrücklichen Erklärung der Herrn Engels und Marx für zweckmäßig, uns derselben ebenso ausdrücklich anzuschließen."

Am 5. März erklärte Friedrich Reusche von Zürich seinen Rücktritt, welchen er in Nr. 87 der „Rhein. Zeitung" noch speciell folgendermaßen motivirte:

---

ist kein Grund für die Arbeiter, sich denen in die Arme zu werfen, die noch weniger bieten als die Fortschrittspartei, die noch weit hinter ihr zurückstehen.

Die Logik der Thatsachen drängt die preußische Regierung zu dem „Cäsarismus." Eigentlich ist sie schon darin. Nur nennt man das Ding mit dem deutschen Namen „Volkskönigthum." „Ein Parlament, lautet die beliebte Phrase, vertritt nur die Interessen einer Klasse. Der König vertritt das ganze Volk. In der Person des Königs herrscht das Volk." Ganz hübsch das, blos erinnert es zu lebhaft an das L'état c'est moi, das: „Ich bin der Staat" des Louis XIV. Der König, welcher sagt: „Ich bin das Volk," gleicht wie ein Ei dem andern dem König, der da sagt: „Ich bin der Staat." Es ist der Absolutismus oder Cäsarismus pur et simple.

Und die Klasse, welche jetzt herrscht, liebäugelt mit den Arbeitern, erbietet sich zu Concessionen. Gut, meine Herren, nehmen Sie, was Sie bekommen, aber nehmen Sie es ohne Dank, denn es ist bloß ein Bruchtheilchen Ihres Rechts, was man Ihnen gewährt. Und man gewährt es Ihnen nicht um Ihretwillen nicht damit es Ihnen nütze, sondern um des jetzigen Staats willen, damit es demselben nütze. Die Staatshülfe ist Hülfe für diesen Staat, nicht Hülfe von ihm; Hülfe die er von den Arbeitern fordert, nicht Hülfe, die er ihnen gewährt. Hier habe ich jenes verhängnißvolle Wort ausgesprochen, das zu so vielen Mißverständnissen Anlaß gegeben hat: Staatshülfe. Der jetzige Staat kann den Arbeitern nicht helfen. Nur ein solcher Staat kann es, von dem das Volk sagen kann: Ich bin der Staat, nur der

„Bereits nach den ersten fünf Nummern machte ich die Redaktion des „Social-Demokrat" darauf aufmerksam, daß sie der Reaktion entgegentreten müsse, entschiedener als bisher. „Wir sind ganz Ihrer Meinung," antwortete mir am 9. Januar Herr v. Hofstetten. Ich will mir nun das Vergnügen, die zahllosen Dummheiten, Taktlosigkeiten und Perfidieen, die ich in jeder Nummer des „Social-Demokrat" entdeckte, zu analysiren, für meine bereits begonnene Broschüre vorbehalten; ich erwähne nur, daß der beständige Refrain aller meiner an die Redaktion gerichteten Briefe die Bitte war, das Junkerthum rücksichtslos zu bekämpfen. Rüstow schickte Anfangs Februar eine eingehende Kritik der Militärfrage an die Redaktion; aber trotz seiner und meiner wiederholten Anfragen erschien weder diese noch ein von mir gegen den königlich preußischen Regierungs-Socialismus gerichteten Artikel. Bald war „kein Raum vorhanden," bald wollte man warten, „bis die Zeit geeignet wäre." Ich richtete derbe, ernste Briefe an die Redaktion, um dann als Antwort Phrasen oder Ausflüchte zu empfangen."*)

---

wahre Volksstaat, nur der Volksstaat hilft dem Volk nicht, sondern in dem Volksstaat hilft das Volk sich selbst. So fallen „Selbsthülfe" mit „Staatshülfe" zusammen. In jeder anderen Form ist die Selbsthülfe eitel Charlatanerie. — Die herrschende Klasse, die Feudalen wissen viel zu erzählen von der Noth der städtischen Arbeiter, von der Hartherzigkeit der Fabrikanten. Sie schweigen von der Noth der ländlichen Taglöhner, die mindestens ebenso groß ist. Natürlich, denn diese Landtaglöhner, die beiläufig doppelt so zahlreich sind als die städtischen Arbeiter, sie sind ja die Lohnarbeiter der Feudalen, die den Splitter wohl sehen im Auge des Nächsten, aber nicht den Balken im eigenen. Doch selbst, wenn die Sympathie dieser Herren für die Arbeiter eine ehrliche wäre, sie können ihnen nicht helfen, weil sie dann ihren eigenen Staat zerstören würden. Der Feudalstaat ist das direkte Gegentheil des Volksstaats. Und daß die Feudalen ihre Vorrechte nicht zu opfern gesonnen sind, das beweis't der Kampf, den sie gegen die Fortschrittspartei führen. — — Die Arbeiterklasse hat bis jetzt stets und überall in Europa an der Spitze der freiheitlichen Bewegung gestanden, alle Schlachtfelder der Freiheit sind mit Arbeiterblut gedüngt — und in Deutschland, in dem Mutterland der modernen Cultur, sollte die Arbeiterklasse ihrer Mission untreu werden, sich gegen die Freiheit wenden, der sie allein ihre Emanzipation verdanken kann? Unmöglich! —

Die Arbeiter Deutschlands sollten ihre Wange dem Judaskuß der Herren Wagener und Consorten hinhalten, und für das Linsengericht eines feudal-socialistischen Mischmasches ihre eigene Zukunft, die Zukunft ihres Volks verschachern? Unmöglich, unmöglich, unmöglich!"

*) Herwegh, Rüstow und Reusche legten im Namen des verstorbenen

Am 11. März veröffentlichte auch Joh. Phil. Becker von Genf im „Nordstern" folgende Erklärung:

„Da ich vom „Social-Demokrat", weil das hiesige Postamt anfänglich keine Abonnements darauf annahm, bis im Februar nur die Probenummern gelesen hatte, am treuen Festhalten dessen Redaktion an dem von mir mitunterzeichnetem Programm nicht zweifeln durfte; so übersandte ich dem „Social-Demokrat" das erste Kapitel einer Schrift „Ueber die Arbeiterfrage", mich bei dieser Gelegenheit entschieden gegen jedwede Concessionsmacherei, Fusions- und Compromissenpolitik erklärend. Als ich aber hierauf die bis dahin erschienenen Nummern dieses Blattes erhalten und jene Richtung wahrgenommen, die nach meiner innersten Ueberzeugung eine verderbliche, da war auch mein Entschluß gefaßt, mich fernerhin aller Mitarbeiterschaft zu entheben. Vorerst beabsichtigte ich aber in Berücksichtigung der Stellung, welche der „Social-Demokrat" gegenüber dem Allg. Deutschen Arbeiterverein, dessen Organ er sich nennt, einnimmt, andere Gesinnungsgenossen zu einer den Parteiverhältnissen angemessenen Collectiv-Erklärung zu veranlassen. Auf die inzwischen von den Herren Engels und Marx, Rüstow und Herwegh („Social-Demokrat" Nr. 29 und 31) erlassenen Rücktrittserklärungen will ich jedoch nicht länger säumen, mich denselben mit allem Nachdruck anzuschließen."

Sonach hatten alle in der Probenummer des „Social-Demokrat" als Mitarbeiter aufgeführten social-demokratischen Schriftsteller sich von dieser Mitarbeiterschaft öffentlich losgesagt bis auf Bernhard Becker, M. Heß in Paris und Prof. Wuttke in Leipzig, welch' Letzterer indessen seit jener Zeit dem „Social-Demokrat" auch keine Zusendungen mehr gemacht zu haben scheint. Der früher auch als Mitarbeiter aufgeführte Lothar Bucher war zu jener Zeit bereits als Hülfsarbeiter im auswärtigen Ministerium in den unmittelbaren Dienst des Herrn von

---

Lassalle im „Nordstern" noch besonderen Protest gegen das Kolettiren des „Social-Demokrat" mit dem Hohenzollernthum ein, wie es besonders in den Berichten aus den schlesischen Weberbezirken stattfand. Vergl. in dieser Beziehung auch die Gratulation der Iserlohner Anhänger des „Social-Demokrat" zum Königsgeburtstage und die Rede von Peter Rey zu Köln vom 6. Februar: ihm sei der König und die jetzige Regierung lieber, als ein Fortschritts-Ministerium. (Allgemeines Bravo.) „Soc.-Dem." vom 10. Februar 1865.

Bismarck eingetreten. — Von den übrigen geistigen Stützen des Allgemeinen Deutschen Arbeitervereins zeigte Martiny-Kaukehmen am 9. April seinen Austritt aus dem Verein an. Des nach Lassalle's Tode interimistischen Vicepräsidenten Dr. Otto Dammer hielt sich B. Becker so wenig sicher, daß er denselben im „Social-Demokrat" am 2. April öffentlich aufforderte, sich über das Gerücht zu erklären, er werde sich, sobald die Sache einmal weit genug gediehen sei, an die Spitze der Unzufriedenen stellen.

Diesen Abfallserklärungen, Protesten und Beschuldigungen gegenüber verhielt sich der „Social-Demokrat" zuerst schweigend. Zu den ersten Protesten, denjenigen von Engels, Marx und Liebknecht in der Nummer vom 3. März begnügte er sich mit der Bemerkung, die Zuziehung der genannten Herren sei Privatsache der Redaktion gewesen und nicht von der Partei ausgegangen.

Am 22. März versuchten jedoch gleichzeitig der „Social-Demokrat" und Bernhard Becker in einer Rede in Hamburg, es umständlich darzulegen, daß alle jene Proteste ohne jede politische Bedeutung seien und lediglich auf persönlichen Machinationen beruhten.

Den Abfall von Rüstow, Herwegh und Joh. Phil. Becker in Genf, der Freunde Lassalle's bis zu seinem Tode, bemühte man sich einfach daraus zu erklären, daß diese Männer zu lange schon im Auslande lebten, um die deutschen Verhältnisse richtig beurtheilen zu können, abgesehen davon, daß sie durch die Gräfin Hatzfeldt — deren Stellung zur Sache das folgende Kapitel darlegen wird — aufgehetzt seien.

Ausführlicher beschäftigte man sich dagegen mit Marx, Engels und Liebknecht; deren Persönlichkeit malte Bernhard Becker in Hamburg folgendermaßen aus:

Wenden wir uns der Marx'schen Clique zu, die eine geraume Zeit hindurch unter dem von ihr acceptirten Namen „Schwefelbande" in den deutschen Blättern gespukt hat. Diese Clique besteht aus drei Personen, nämlich aus Meister Marx, seinem Sekretär Engels und seinem Agenten Liebknecht. Von dieser Marx'schen Sippschaft, die sich gern für eine große Partei ausgäbe, hat einst der jetzt durch die Gräfin in ihr Netz gezogene Dichter Herwegh gesagt, daß sie „falsch ist wie Galgenholz." Und der Marx'sche Agent sagte mir einmal selber in England, „er sei noch hundertmal zu sittlich gewesen, als er nach London gekommen."

Ich lernte diese Clique erst in England genau kennen. Wo irgend eine Schmutzigkeit angerichtet werden konnte, da hatte sie ihre Hand im Spiele, und wirklich kam es überall, wohin sie ihre schmutzigen Finger steckte, zu widerlichem Skandal. Wie Maden, die die Fäulniß und Verwesung gebiert, wälzten sie sich mit wahrer Wollust in den gegenseitigen Flüchtlings-Zerfleischungen herum, welche die natürliche Folge der Revolution von 1848 waren. Ja, Marx verletzte durch Dronke für 1000 Thlr. ein Manuscript, welches der preußische Polizeicommissär Stieber, der in London unter den Flüchtlingen herumspionirte, auslöste. Ich denke, das ist eine Thatsache, von der wir für immer Notiz nehmen müssen.

Meine Herren, die Herren der Marx'schen Clique nannten sich Communisten, sind aber nichts als ehrgeizige diabolische Ränkeschmiede, unfähig zu jedem Aufbau, dagegen stets zum Zerstören bei der Hand. Die Polizei hatte an ihnen treffliche Helfershelfer. Alle Flüchtlinge, die in London gewesen sind, wissen dies so gut wie ich. Um den Verdacht von sich abzulenken, suchte die Marx'sche Sippschaft immer gegen Andere Verdacht rege zu machen, und so entblödeten sich Marx und Engels nicht, sogar einmal unsern Hillmann aus Elberfeld, der unserer Sache im größten Elend standhaft ergeben blieb, für einen Polizeispion auszuschreien. Dies geschah im kommunistischen Arbeiterverein in Windmillstreet, aus dem sie endlich, weil sie lauter Hetzereien in's Werk setzten, „an die Luft gesetzt" wurden.

Haben Sie von dem Kölnischen Kommunistenprozeß gehört, der 1852 mehreren Leuten vieljährige Haft zuzog? Noch liegt zur Zeit ein Schleier über den Mitteln, die den unglücklichen Ausgang desselben herbeiführten. Doch so viel steht fest, daß damals die Genossen von Marx, die Herren Imandt und Dronke, lebhaft mit einem gewissen Fleury (eigentlich Krause, Sohn eines in Dresden hingerichteten Raubmörders), dem Hauptagenten der deutschen Bundespolizei in London, verkehrten, und daß unter den Akten auch ein angeblich von Liebknecht geschriebener denunciatorischer Brief figurirte. Bald nachher hat Marx Enthüllungen über diesen Prozeß geschrieben; er hatte wohl Ursache dazu, denn: Qui s'excuse s'accuse — zu Deutsch: wer sich entschuldigt, klagt sich an — sagt ein bekanntes Sprüchwort. Die Vorwürfe, welche die Arbeiter gegen Marx wegen der Flüchtlingsgelder richteten, übergehe ich.

Und an einer anderen Stelle:

Meine Herren! Wenn man auf Andere mit Steinen werfen will, darf man selber in keinem gläsernen Hause wohnen. Einer von der Marxschen Clique, Liebknecht nämlich, hat Jahre lang für die „Norbb. Allgem. Zeitung", das offiziöse Organ des Herrn v. Bismarck, geschrieben, bis er von Herrn Braß, dem Redakteur, verabschiedet worden ist. Und dieser Mensch erfrecht sich jetzt, in öffentlichen Blättern gegen den „Social-Demokrat" den Verdacht rege zu machen, daß derselbe von Bismarck subventionirt werde. Von dem Tausend-Thaler-Manuscript des Meister Marx habe ich schon gesprochen. Hier will ich nur noch hinzufügen, daß Marx beim Entstehen des Wiener „Botschafters", des officiösen Organs der österreichischen Regierung, mich als Korrespondenten für dasselbe gewinnen wollte, indem er mir den officiösen Charakter des auftauchenden Blattes, das, wie er sagte, ihm zugeschickt worden war, verschwieg und im Gegentheil betonte, daß ich „ganz rothe Artikel hineinliefern dürfe."

Hieraus werden Sie ersehen, woher der Wind bläst. Die Artikel des „Social-Demokrat" über Bismarck haben die österreichische Partei verletzt, und darum führt der österreichische Agent Marx, der früher mit Stieber Geschäfte gemacht, den in seinen Kram passenden Schlag, für welchen er schon längst auf eine Gelegenheit spähte, mit großem Lärm aus, als ob er selber rein und keusch, als ob er noch eine politische Jungfrau wäre. Darum haben ferner auch die im österreichischen Solde stehenden Blätter, die sich jesuitisch mit einer liberalen oder demokratischen Farbe schminken, mit den Fortschrittsblättern vereint in die Lärmtrompete gestoßen und verkündet: nun seien alle bekannten Social-Demokraten vom Organ des Allg. Deutschen Arbeitervereins abgefallen.

Weiter erzählte B. Becker, daß Liebknecht ihm nach dem Tode Lassalle's vorgeschlagen habe, ein dreiköpfiges Directorium an die Spitze der Deutschen Arbeiter treten zu lassen; auch hätte sich Liebknecht in die Redaction des „Social=Demokrat" einzunisten gesucht, um sich dadurch der Bewegung zu bemeistern, d. h. sie zu marxifiren.

Zu gleicher Zeit theilte indessen W. Liebknecht in der „Rheinischen Zeitung" vom 24. März mit, daß umgekehrt Schweitzer nach dem Tode Lassalle's Marx zum Präsidenten des Allgemeinen Deutschen Arbeitervereins vorgeschlagen habe.

„Das Project fiel jedoch zu Boden, weil Marx Bedenken

trug, sich mit einer „Bewegung", deren Taktik so grundverkehrt, zu identificiren und keine Lust hatte, unter den obwaltenden politischen Verhältnissen nach Deutschland überzusiedeln. Nicht er, Liebknecht, habe sich um die Mitarbeiterschaft am „Social=Demokrat" beworben, sondern Schweitzer habe ihm förmliche Anträge in dieser Beziehung gemacht. „Er (Schweitzer) verpflichtete sich, daß das neue Blatt die Lassalle'sche Taktik nicht befolgen, jedes Kokettiren mit der Reaction vermeiden sollte, und **unter dieser Bedingung, und nur unter dieser Bedingung** erklärte ich mich zur Mitarbeiterschaft bereit, vorausgesetzt, daß auch Marx und Engels sich betheiligen würden. Beide verstanden sich schließlich dazu, jedoch nur mit dem größten Widerstreben und nur auf meine wiederholte Versicherung, daß ich an die Loyalität des Herrn v. Schweitzer (von dem ich sehr schlimme Dinge gehört hatte) glaube." Marx und Engels erwiederten auf die obigen Anschuldigungen B. Becker's in der „Rheinischen Zeitung", daß jenes Marx'sche Manuscript durch einen gewissen Bankyn, dem Marx es zur Besorgung an einen Berliner Buchhändler übergeben habe, in die Hände der Preußischen Polizei gekommen sei. Den Bernhard Becker habe Marx auf den Oesterreichischen Botschafter aufmerksam gemacht, weil dieser ihm als ein sehr liberales Blatt geschildert worden und Becker ihn in bitterer Noth um Beschaffung einer Gelegenheit zu Korrespondenzen angegangen sei. Zwei um diese Zeit in der „Berliner Reform" abgedruckte Briefe Schweitzer's an Marx vom 11. und 28. Nov. 1864 geben Zeugniß davon, welchen Werth die Redakteure des „Social=Demokrat" darauf gelegt hatten, Marx als Mitarbeiter zu gewinnen. In dem einen Briefe heißt es:

> Allein für ungleich wichtiger halten wir es, daß Sie, der Begründer der deutschen Arbeiterpartei (von Hrn. v. Schweitzer selbst unterstrichen) und ihr erster Vorfechter, uns ihre Mitwirkung angedeihen lassen. Wir hegen die Hoffnung, daß Sie einem Verein, der, wenn auch nur indirekt auf Ihre eigene Wirksamkeit zurückzuführen ist, nach dem großen Verluste, der ihn betroffen, in seinem schweren Kampfe zur Seite stehen werden."

und in dem anderen:

„Ihre (Marx) und Engels Zusage hat in der Partei, so weit dieselbe überhaupt eingeweiht ist, die freudigste Sensation hervorgerufen."

Siebentes Kapitel.

Die Gräfin Hatzfeld und der Sekretär Willms.

Gleichzeitig mit dieser Spaltung der Partei, veranlaßt durch die Haltung des „Social=Demokrat", brachen noch Zwistigkeiten mehr persönlicher Natur zwischen Bernhard Becker und der Gräfin Hatzfeldt aus. B. Becker erzählte darüber zu Hamburg am 22. März Folgendes:

„Die Frau Gräfin von Hatzfeldt ist keine gewöhnliche Frau; sie ist geistreich, hat viele Kenntnisse und Lebens=Erfahrung und besitzt nebenbei die Tugend reich zu sein. Aber ihr wohnt wenig Weiblichkeit inne, denn sie gehört zu den Schönfarbigen, die Cigarrendampf in die Luft blasen und sich als sogenannte Emanzipirte ein wenig zu sehr in die Angelegenheiten der Männer mischen. Sie hat viel genossen und gelitten; der Streit ist ihr eigentliches Element geworden. Wohl mag auch ihre Vereinsamung ihr viel von ihrer frühern Liebenswürdigkeit geraubt und sie rechthaberisch gemacht haben. Wie dem aber auch sei, Eines steht fest: sie gedachte durch mich den Verein zu beherrschen, und zwar suchte sie dies durch zwei Mittel fertig zu bringen: einmal, indem sie die Marx'sche Clique gegen mich balanciren wollte, und dann, indem sie das Andenken Lassalle's für ihre Herrschsucht mißbrauchte. Wenn sie mir in ihrem Schmerz, der mit unserer Parteitrauer zusammenfiel, groß erschienen war, weil da das weibliche Gemüth durchbrach, mußten ihre kleinliche, völlig persönliche Auffassung von unserm Vereine, die trotz all ihrer Emanzipation nicht über den beschränkt individuellen Gesichtskreis der Amazonennatur hinausreichte, sowie die mit unserer Bewegung getriebene Koketterie, mich abstoßen und anwidern. Außerdem wäre es doch der vielen Tausende von wackern Männern, die vermöge ihrer Intelligenz sich zum Allg. deutsch. Arb.-Verein zusammengethan haben, unwürdig gewesen, hätte ich mich zum Schürzenpräsidenten erniedrigt. Machte doch ohnehin vor meiner Wahl ein bekannter Mann die bissige Bemerkung: man solle doch lieber gleich eine Präsidentin wählen! Ich suchte anfangs dem völligen Bruche auszuweichen; als jedoch die Gräfin mir direkte Vorschriften in Vereinssachen machen wollte, wurde er unvermeidlich. Die eigentliche Ursache ihres Zornes war also die unbefriedigte Sucht, in unserm Vereine das Pantoffelregiment über die Arbeiter zu führen und mich als Puppe zu gebrauchen. Als ihr Sekretair, den sie bei sich mit wohnen ließ, sollte ich ihr gelegentlich auch den Hausknecht abgeben und ihr Butter und Brod einkaufen. Das war das Ideal, welches sie sich vom Präsidenten, der auf Lassalle folgte, gebildet hatte! — —"

B. Becker spricht dann weiter davon, wie die Gräfin über die Annahme eines Geschenkes von der Mutter Lassalle's für den Verein erbost gewesen, wie dieselbe ihr dem Verein versprochenes Geschenk von Büsten oder Photographieen Lassalle's zurückgenommen, auch die Kosten verschiedener Todtenfeiern Versprechens ungeachtet nicht bestritten habe. Auch sei M. Heß in Paris von ihr in dem Honorar für eine französische Uebersetzung des Buches „Bastiat-Schulze" verkürzt worden und werde gegenwärtig an dessen Herausgabe dadurch gehindert, daß die Gräfin eine Vorrede dazu schreiben wolle. — Eine Broschüre über die letzten Lebenstage Lassalle's sei schon längst angekündigt, die Gräfin habe dieselbe aber unterdrückt, nachdem erst Lothar Bucher, dann er, Becker, und endlich Liebknecht daran geschrieben. Becker bemerkt hierzu wörtlich:

„Es war übrigens gut, daß die Broschüre nicht herauskam. Ich habe etliche Druckbogen davon zufällig bei meiner Anwesenheit in Berlin gesehen und muß erklären, daß sie dem Andenken Lassalle's — so wie sie war — geschadet haben würde. Dagegen war die Gräfin als „beste, treueste Freundin" Lassalle's darin verherrlicht. Auch waren die Dokumente nicht treu wiedergegeben; denn es war geändert, weggelassen und hinzugefügt worden, je nachdem es der Gräfin und Liebknecht gepaßt hatte.*) Lassalle wollte auf gute Manier von der liebenswürdigen Gräfin loskommen, und sicherlich wollte er gerade deßhalb heirathen. Als ihm jedoch der Heirathsversuch fehlschlug, provocirte er lieber den Tod, als länger in solcher Qual, die viel peinigender als eine Mißehe war, zu leben. Es giebt ein von Lassalle's Hand geschriebenes Zettelchen, welches in guten Händen ist, und einen in Staunen setzenden Aufschluß giebt." —

Zur politischen Stellung der Gräfin Hatzfeld übergehend, theilte B. Becker mit, die Gräfin habe „in Preußischer Politik Geschäfte zu machen gesucht" und im Namen des Vereins Versprechungen geleistet. Er sagt wörtlich:

„Die Gräfin macht mir auch zum Vorwurf, daß ich nicht eine Resolution bezüglich Schleswig-Holsteins zu Gunsten Preußischer Annexien habe fassen lassen. Auch suchte sie den „Social-Demokrat" zu bestimmen, daß er eine solche Resolution in seinen Spalten befürworte. Aber der „Social-Demokrat" stand treu zum Präsidium und gab zur Antwort, man würde dies thun, wenn der Verein die betreffende Resolution zu fassen vom Präsidium aufgefordert würde."

Zur näheren Erklärung dessen dienen vielleicht die folgenden Stellen aus den Verhandlungen der Oppositionsgemeinde des Allgemeinen Deutschen Arbeitervereins zu Berlin vom 19. Juni d. J.:

„W. Liebknecht: Er habe nun (nachdem er auf Anstiften der Gräfin Hatzfeldt in einer Broschüre: „Die Ausstoßung des Präsidenten B. Becker" persönlich verdächtigt worden) keinen Grund mehr, darüber zu schweigen, was die Gräfin Hatzfeldt so gegen Marx und ihn erbittert habe. Die Gräfin Hatzfeldt sei ganz in das Fahrwasser der Reaction übergegangen und habe ihn aufgefordert, von Seiten der Berliner Gemeinde des Allgemeinen Deutschen Arbeitervereins eine Resolution zu Gunsten der Bismarck'schen Annexionspolitik zu provoziren. Dies habe er entschieden verweigert und der Dame vorgestellt, wie sehr ein solcher

---

*) Wird von Liebknecht bestritten. Vergl. die Rede Arndt's im „Nordstern" vom 8. April d. J.

Schritt der Berliner Gemeinde in den Augen der öffentlichen Meinung schaden müsse. Für die Wahrheit seiner Behauptungen könne und werde er Beweise beibringen. Uebrigens halte er die Haßfeldt persönlich für eine ehrenhafte Dame, bei der sich nur der alte Satz bewahrheite, daß sich Frauen nicht um die Politik kümmern sollten, weil sie dies auf gefährliche Abwege führe.

Voigt: Er wolle den Schlüssel dazu geben, weshalb B. Becker und die Gräfin Haßfeldt mit der Reaction gingen. Bei dem Ersteren sei es das Geld, welches ihn verführt habe, bei der Letzteren die Rache gegen Rakovicz.*) Er selbst habe die Gräfin zum Justizrath Wagener begleitet und sie dann, weil er abgerufen worden und der eigentlichen Unterredung nicht habe beiwohnen können, abgeholt. Beim Abschied von Wagener habe sie zu demselben gesagt: „Sorgen Sie dafür, daß wir den Rakovicz haben, **verwenden Sie Ihren Einfluß bei Herrn von Bismarck!**" — Daß die Beschlüsse gegen die Gräfin nicht in voller Ausdehnung aufrecht erhalten worden seien, habe ihn bewogen, sich vom Verein zurückzuziehen.

Arndt: Er habe, was Hr. Voigt eben berichtet, der Gräfin vorgehalten; sie habe sich dabei mit Entrüstung nach ihrem Schreibsekretär gewandt, ein Packet Briefe hervorgezogen und ihm mit den Worten hingeworfen: Hier lesen Sie, was Herr v. Bismarck schreibt! — Die Haßfeldt habe dann gesagt, daß Voigt ihr gegenüber die ganze Sache geleugnet habe, als sie ihn gefragt, wie er solche Lügen verbreiten könne.

Voigt: Das sei erlogen; er sei seit dem Vorgange, den er vorhin berichtet, nicht mehr mit der Gräfin zusammengekommen.

Arndt: Jedenfalls hätte Voigt seine Enthüllungen schon damals offiziell dem Verein mittheilen und eine Untersuchung gegen die Gräfin beantragen müssen, anstatt erst nach vielen Monaten damit öffentlich hervorzutreten.

---

*) Für dieses Rachegefühl gegen Rakovicz spricht auch die Mittheilung B. Becker's in seiner Rede vom 22. März, daß er auf Betreiben der Gräfin ein Vereinsmitglied zur Ueberwachung des Rakovicz nach München geschickt habe.

Der anwesende Polizei-Lieutenant macht hier den Vorsitzenden darauf aufmerksam, daß es schon sehr spät sei, und daß er nur gestatten könne, in aller Kürze noch die Vereinsangelegenheiten zu besprechen. Es wird darauf der angeregte Gegenstand verlassen, obwohl sich zu demselben noch eine ziemliche Anzahl Redner zum Worte gemeldet hatte."

Zu diesen Zwistigkeiten mit der Gräfin Haßfeldt kam nun auch noch die offene Feindschaft des früheren Vereins-Sekretairs Willms in Solingen gegen Bernhard Becker. Seitdem Willms auf Becker's Veranlassung von der Generalversammlung in Düsseldorf abgesetzt worden war, suchte er im Verein mit einem gewissen Klings aus Solingen überall Opposition gegen die statutenwidrige Vereinigung des Sekretariates mit dem Präsidium zu erwecken. Joh. Phil. Becker berichtet darüber im „Nordstern" vom 27. Mai in seinem „Unumwundenen Wort" Folgendes:

„In den Gemeinden des Vereins kam es deshalb zu den heftigsten Diskussionen. In mehreren Versammlungen wurden von vorsitzenden Mitverschworenen Bernhardchens den Opponenten das Wort entzogen und ihnen sogar, wie in Leipzig durch Herrn Fritzsche, mit Polizeimaßregelung und Ausstoßung gedroht. Wurden doch auch wirklich, ohne andern Grund als den der gemachten Einsprache gegen den Organisationsbruch, durch Machtspruch des Präsidenten zwei der intelligentesten Mitglieder der Leipziger Gemeinde, die Herren Julius Luscher und Elias Hasselbacher ausgeschlossen. Von Köln, Solingen, Altona, Berlin, Connewitz (vom Bevollmächtigten Tauber) und Leipzig liegen mir ganz sachlich gehaltene Proteste und Beschwerdeschriften vor, die in einer Generalversammlung erledigt werden sollten, vom neuen Sekretariats-Präsidium aber unterdrückt wurden. Die Berichte über die Gemeindeversammlungen fast allerorts wurden, wenn nicht schon dem „Social-Demokrat" verfälscht eingesandt, doch stets von diesem nach eigenem und des Präsidenten Bedarf zugestutzt. Dabei verweigerte dieses Blatt nicht nur die Aufnahme der berechtigsten Reclamationen, Gegenerklärungen und Berichtigungen, sondern es ertheilte zuweilen den Einsendern auch noch boshafte Seitenhiebe. So blieben die Gemeinden im Allgemeinen von den Vorgängen in anderen Gemeinden entweder ununterrichtet, oder sie wurden darüber völlig getäuscht."

Achtes Kapitel.

Die Oppositions-Gemeinden und der „Nordstern".

Der frühere Vereinssekretair Willms mit seinen Freunden, die Gräfin Hatzfeldt mit ihrem Anhang und die zurückgetretenen Mitglieder des „Social-Demokrat" mit ihren Gesinnungsgenossen wirkten seit März b. J. B. Becker und dem „Social-Demokrat" bald gemeinschaftlich, bald getrennt, entgegen. Nachdem Becker am 22. März gegen seine Gegner zu Hamburg sich zu vertheidigen gesucht hatte, fand er sich zu gleichem Zwecke einige Tage darauf in einer von dem Redakteur des „Nordstern" geleiteten Versammlung zu Altona ein. Als er jedoch hier den auf Kosten der Gräfin Hatzfeldt von Berlin herübergekommenen Schuhmachergesellen Arndt in seiner Rede über ihn störte, wurde er, wie der „Nordstern" vom 8. April berichtet, „unter den Rufen: Hinaus mit dem Ruhestörer! an die frische Märzluft der Straße von einigen kräftigen Armen versetzt." Am 1. April brachte der „Nordstern" eine Erklärung der „Altonaer Gemeinde", worin Becker „als im höchsten Grade unfähig und ebenso unwürdig" nicht mehr als Vereinspräsident anerkannt und aufgefordert wird, sein Amt sofort niederzulegen. Fast gleichzeitig, am 30. März und 3. April, faßte die Berliner Gemeinde des Allg. Deutschen Arbeiter=Vereins Beschluß:

daß der „Social-Demokrat" nicht im Sinn und nach den Prinzipien der Arbeiterpartei redigirt ist; und daß die jüngst ausgetretenen Mitarbeiter im Sinn und nach den Prinzipien der Arbeiterpartei gehandelt haben;

daß der Bernhard Becker als ein niederträchtiger Verleumder und unheilbarer Idiot aus dem Verein auszuschließen ist;

daß der Verein an den von Ferdinand Lassalle verfochtenen Prinzipien festhält und jede Allianz mit der Reaktion oder Fortschrittspartei für ebenso unwürdig als unklug erklärt;

daß der Verein jede Beeinflussung Seitens der Mutter Ferdinand Lassalle's sowohl, als Seitens der Gräfin von Hatzfeldt entschieden zurückweist.

Aehnliche Erklärungen ergingen nun in rascher Aufeinander=
folge von Pinneberg, Solingen, Solingen=Höhscheib, Köln, Mainz,
Kastel, Duisburg, Leipzig, Connewitz und Thonberg bei Leipzig,
Wermelskirchen u. s. w.

Bernhard Becker wurde darin förmlich für einen „Idiot,"
„Verräther," „Seelenverkäufer," „Räuber," Trunkenbold," „Maul=
puffer," „Judas," „Despot" und „Organisationszertrümmerer"
und dergleichen erklärt und ihm und dem Social=Demokrat gegen=
über Oppositionsgemeinden gebildet. — Innerhalb dieser Oppo=
sitionsgemeinden machten sich aber, je nachdem mehr persönliche
oder politische Rücksichten ihre Mitglieder zusammengeführt hatten,
wieder ganz verschiedene Richtungen geltend.

Am deutlichsten kennzeichnen dies die Verhandlungen der
Berliner Oppositionsgemeinde. Hier befürworteten die Anhänger
der Gräfin Hatzfeld (Partei der Taubenstraße) im Gegensatz zu
Liebknecht und den Uebrigen, die unbedingte Annexion Schleswig=
Holsteins und lebten in der steten Hoffnung, die Regierung werde
das allgemein gleiche und directe Wahlrecht octroyiren.

Auf deren stete Vorhaltung gegen Liebknecht, er sei Marxianer
und nicht Lassallianer, erwiderte derselbe am 3. April:

„Mit Unrecht will man Marx und Lassalle von einander
trennen, besonders unklug ist aber ein solches Streiten jetzt.
Lassalle ist ein Schüler von Marx, seine Schriften sind ein Ab=
klatsch derer von Marx. Das von Marx 1847 in London ver=
öffentlichte communistische Manifest würde Ihnen sehr bekannt
vorkommen, denn das „Offene Antwortschreiben" Lassalles enthält
nichts bis auf den Schluß, was nicht dort schon stände. Ver=
gleichen Sie den Bastiat=Schulze und das 1859 von Marx her=
ausgegebene 1. Heft der politischen Oekonomie und Sie werden
dasselbe finden. Durch Nebeneinanderstellen der Schriften ist
dies leicht zu beweisen. Es ist der Arbeiter unwürdig, solchen
Cultus mit einer Person zu treiben, die englischen und franzö=
sischen Arbeiter haben nie Jemanden so als Abgott angebetet,
wie hier Manche mit Lassalle thun. Lassalle würde sich noch im
Grabe herumdrehen, wenn er sähe, daß, wie jetzt von seinen

falschen Freunden geschieht, Männer verdächtigt und als seine Feinde bezeichnet werden, die er selbst so hoch geachtet hat. —

In Bezug auf die Hoffnung einer Octroyirung des allgemeinen Stimmrechts äußerte sich Liebknecht am 16. Mai:

Die Debatte scheine ihm an den Haaren herbeigezogen. Er habe schon, als er etwa 14 Jahre alt gewesen, die Nothwendigkeit des allgemeines Wahlrechts eingesehen, aber ein jetzt oktroyirtes Wahlrecht würde nichts nützen.

In der Versammlung vom 19. Juni kam ein gewisser S ch i l l i n g wieder auf das Wahlrecht zurück und meinte, man müsse wohl den Gerüchten Aufmerksamkeit zuwenden, welche die Regierung mit einer Oktroyirung eines Wahlgesetzes umgehen ließen.

Ein gewisser K a h l bemerkt dazu:

„Was verhindere, daß bei dem jetzigen Wahlgesetze der Arbeiter gar keinen Einfluß auf die Wahlen ausübe, sei die Faulheit und der Indifferentismus der großen Menge, für welche keine andere Frage als die Magenfrage existire. Das allgemeine Stimmrecht sei wohl gut als Agitationsmittel, aber nur dann, wenn der Arbeiter über seine Interessen aufgeklärt und ihrer vollständig bewußt werde. Sonst sei es das beste Mittel, die Masse der Reaktion in die Hände zu treiben. Bei dem jetzigen politischen Bewußtsein des Arbeiters nütze eine Beglückung mit dem allgemeinen Wahlrecht von Oben nichts. Die meisten Arbeiter wüßten jetzt nicht einmal, wen sie zu ihrem Vertreter wählen sollten, so wenig Organisation sei vorhanden.

L i e b k n e ch t bemerkt dazu: Er könne nur rathen, daß, wenn die Arbeiter ein ausgedehnteres Wahlrecht bekämen, sie sich unwandelbar an das Programm Lassalles halten müßten, der ihnen zurufe, sie sollten weder nach rechts oder nach links blicken, sich weder von der Reaktion noch von der Bourgeoisie am Gängelbande leiten lassen, sondern unbeirrt nur ihre eigenen Interessen im Auge behalten. Für ihn laute aber die Parole nicht a l l gemeines Wahlrecht um jeden Preis, sondern begleitet von den Garantieen, welche erst ermöglichten, es zum Vortheil des Arbeiters auszuüben. Ohne diese Garantieen sei das allgemeine Wahlrecht nutzlos und treibe den vierten Stand der Reaktion in die Arme.

Redner erläutert dies in der Geschichte Frankreichs und fährt dann fort:

„Wenn dies in Frankreich möglich gewesen sei, wo doch die sociale Frage seit langen Jahren die Gemüther bewegt habe und wo wirklich ein intelligenter, fest organisirter Arbeiterstand im modernen Sinne des Wortes bestanden habe, wie soll es erst in Deutschland werden, wenn der Arbeiterpartei bei ihrem jetzigen Bildungsstande und ihrer jetzigen ungenügenden Organisation das allgemeine Stimmrecht von Oben bescheert würde. Denn, meine Herren, daß die jetzigen zerstreuten Gemeinden bei ihrer unbedeutenden Zahl und unklaren Tendenzen nicht den Namen einer organisirten Arbeiterpartei in Anspruch nehmen können, ohne diesen Namen zu compromittiren, werden mir wohl selbst die wärmsten Bewunderer der jetzigen Agitation zugeben."

Ein gewisser May spricht sich darauf dahin aus, man müsse das Gute nehmen, woher es komme und auch aus den Intriguen des Gegners Nutzen ziehen. Er begrüßt die Annerionspolitik Bismarcks mit Freuden, da sie zur deutschen Freiheit führe. — Liebknecht bemerkt darauf, dies sei die Deduktion der Gräfin Hatzfeld, der Freundin von May. Wenn die Reaktion das allgemeine Wahlrecht schenke, so werde dies nur in dem Sinne geschehen, wie 1849 Thadden-Triglaff die vollständigste Preßfreiheit gewollt habe, nämlich mit einem Galgen daneben.

Wenige Tage nach dieser Versammlung wurde der Opponent der regierungsfeindlichen Lassallianer W. Liebknecht aus „allgemein polizeilichen Gründen" aus dem preußischen Staate ausgewiesen. Die Oppositionsgemeinde Berlin scheint sich darauf, da verschiedene ihrer Mitglieder, worunter auch der Kassirer, sie nicht mehr anerkennen wollten, aufgelöst zu haben. Von den übrigen Oppositions-Gemeinden veröffentlichten Solingen und Solingen-Höhscheid unter dem 24. Juni eine Resolution, welche eine Delegirten-Versammlung der Oppositions-Gemeinden auf den

15. Juli d. J. nach Leipzig beruft und die Einsetzung eines Direktoriums von drei Personen zur provisorischen Leitung des Vereins und eines Propaganda-Ausschusses von 11 Mitgliedern sowie die Erklärung des „Nordstern" als Vereinsorgan beantragt. Nach Anschluß von 30 Gemeinden an das Direktorium sollte dann eine neue Delegirten-Versammlung entscheiden, ob das Provisorium fortzudauern habe, oder ob „wenn inzwischen der rechte Mann sich gefunden und zur Uebernahme bereitwillig sich gezeigt habe," zur Wahl eines Präsidenten zu schreiten sei. Gegen die Ausführung dieser Resolution, zu welcher die übrigen Oppositions-Gemeinden ihre Zustimmung erklärten, agitirte indeß die Gräfin Hatzfeld auf das Eifrigste, dieselbe für einen Statutenbruch erklärend. Sie reiste nach Paris und veranlaßte Moses Heß, welcher daselbst die bereits oben erwähnte französische Uebersetzung des „Bastiat-Schulze" auf ihre Rechnung anfertigte, in Bezug auf das vielköpfige Direktorium und den Ausschuß eine auch im „Nordstern" vom 19. August abgedruckte „Warnung" vor dem „gewiß ganz gut gemeinten, aber höchst gefährlichen Plan von Joh. Phil. Becker" zu schreiben. Schon vorher hatte sich die Gräfin mit einzelnen Oppositions-Gemeinden direkt durch Zusendung von Büsten oder Photographieen Lassalle's in Verbindung gesetzt. In Solingen erschien sie bei der Todtenfeier Lassalle's persönlich und wurde, wie der „Nordstern" berichtet, mit einem stürmischen Hoch empfangen und dann zuerst ein von Ed. Willms zu dieser Feier verfaßtes Gedicht von demselben vorgetragen. Trotz dieser Gegenbestrebungen hatte die Leipziger Oppositionspartei am 12. August einen allgemeinen „Interimverein" begründet und zu dessen Vorstand Luscher, Lange und Bode von Leipzig erwählt. Auf deren Einladung fand auch am 2. und 3. September zu Leipzig eine Delegirten-Versammlung statt, welche sich „beschlußfähige Versammlung des Allgemeinen Deutschen Arbeitervereins" nannte und u. A. erklärte, daß „die von verschiedenen Seiten ihnen gemachten Vorwürfe, betreffs der Geldunterstützung von Seiten der Gräfin von Hatzfeld eine Lüge sei," so wie auch daß sie eine jede direkte Einmischung von

Seiten dieser Frau in Vereins-Angelegenheiten von vorn herein zurückgewiesen hätten und auch ferner zurückweisen würden. Ferner wurde daselbst beschlossen, den „Nordstern" als Vereinsorgan anzuerkennen, und „für Aufsuchung und Besprechung von Präsidentschafts-Kandidaten" ein Komité, bestehend aus K. Bruhn von Altona, P. Büll aus Mainz und E. Hasselbacher aus Wurzen erwählt. Endlich resolvirte man auf den Wunsch von Willms, welcher sein Legat dadurch zur Anerkennung bringen wollte:

„Da die am 27. December 1864 zu Düsseldorf tagende Generalversammlung sich gegen die Statuten unsers Vereins vergangen, d. h. sie durch Verschmelzung des Sekretariats mit dem Präsidium gebrochen hat, so sind die von derselben gefaßten Beschlüsse für den Allgem. Deutschen Arbeiterverein durchaus nichtig und ist und bleibt mithin Ed. Willms nach wie vor Sekretär des Vereins."

Am 16. September berichtete der „Nordstern", daß die Oppositions-Gemeinden zu Altona, Köln und Mülheim a. Rh. ihren Anschluß an den provisorischen Vorstand in Leipzig eingesandt hätten. Dagegen theilt der „Nordstern" vom 30. September mit, daß die Solinger Oppositions-Gemeinde und Ed. Willms gegen die Gültigkeit des Interimistikums Protest eingelegt hätten. Zugleich erklärte der „Nordstern", daß seine folgende Nummer erst erscheinen werde, wenn eine hinreichende Anzahl von Abonnenten angemeldet worden sei und forderte die Parteigenossen auf zu bedenken, was es heißt: kein Organ zu haben und hiernach zu handeln, aber ungesäumt, damit keine Unterbrechung, oder doch wenigstens keine lange eintrete.

Neuntes Kapitel.

Die Becker'schen Gemeinden und der „Social-Demokrat."

Im Gegensatz zu den Protesten der Opposition erklärten die Getreuen B. Beckers am Niederrhein auf einem „Rheinisch-Westfälischen Arbeitertage" zu Barmen am 12. März d. J. sich mit der Taktik des „Social-Demokrat" einverstanden, so wie

> „daß es ferner durchaus zu billigen ist, die Vorschläge der preußischen Regierung, welche bei verschiedenen Gelegenheiten die Verbesserung der Lage der arbeitenden Klassen durch die Gesetzgebung versprochen hat, abzuwarten, bevor man über dieselbe aburtheilt, indem es keineswegs unmöglich ist, daß dieselbe das Dreiklassenwahlgesetz aufhebt und statt desselben das allgemeine gleiche und direkte Wahlrecht, welches das von Lassalle, dem Begründer der deutschen Arbeiterpartei, vorgezeichnete nächste Ziel der jetzigen deutschen Arbeiterbewegung ist, einführt."

Diese Erklärung sandte Becker den anderwärts ihm noch treu gebliebenen Bevollmächtigten zu und ließ auch deren Anhang seine Zustimmung erklären. Auf den 22. Mai ordnete dann Becker eine Centralfeier des Stiftungsfestes des Vereins in Frankfurt a. M. an. Die Nr. 65 des „Social-Demokrat" berichtet, es seien dort zusammen die Vertreter von 32 Gemeinden anwesend gewesen. Es werden indeß nur 18 Namen von Vertretern aufgeführt, darunter Fritzsche aus Leipzig, Seegott aus Mainz, Florian Paul aus Schlesien, Preuße aus Berlin, Audorf aus Hamburg, Wegmann aus Solingen u. s. w. B. Becker hielt eine Rede, in der er über seine Thätigkeit u. A. Folgendes bemerkte:

> „Wenn meine angestrengte, rastlose Thätigkeit, bei welcher ich das Sekretariat mit dem Präsidium verbinde oder mit anderen Worten: nicht blos den Lenker, sondern auch den Diener des Vereins abgebe, nicht immer geräuschvoll ist, so ist sie doch nichtsdestoweniger nachhaltig und allseitig, und gleicht dem befruchtenden Landregen, der auch ohne Donner und Blitz die harte Erdkruste durchdringt."

Während Becker von den „sauer erworbenen Sparpfennigen" sprach, welche die einzelnen Gemeinden zusammengelegt hätten, um Deputirte nach Frankfurt a. M. zu senden, berichtete der „Nordstern", daß die dort Anwesenden auf Kosten der Vereinskasse gereist und gelebt hätten, wie namentlich Audorf von Hamburg, in Hamburg darüber befragt, zugegeben habe. Die Delegirten ertheilten später in geschlossener Sitzung B. Becker ein einstimmiges Vertrauensvotum. — Von den daran Theil nehmenden schlossen sich indessen Mehrere später der Oppositionspartei an, so z. B. Wegmann aus Solingen, Seegott aus Mainz. Letzterer erklärte schon vierzehn Tage darauf im Namen der Mainzer Mitglieder B. Becker „für ebenso unwürdig als unfähig, Präsident zu bleiben." („Nordstern" vom 24. Juni.)

In Berlin, dem Domizil des „Social-Demokrat", suchten die Redakteure desselben, v. Schweitzer und v. Hofstetten, nach dem Abfall der bisherigen Mitglieder eine neue Gemeinde des Allgemeinen Deutschen Arbeitervereins zu bilden, an deren Spitze der Expedient des „Social-Demokrat" Roller gestellt wurde. Eine Korrespondenz aus Berlin im „Nordstern" vom 12. Juli berichtet darüber:

> Mit den Herren Schweitzer und Hofstetten traten fünf Mitglieder in den neuen Klub ein, zwei derselben kehrten aber sehr schnell wieder zurück. Die geringe Anzahl der Mitglieder dieses Klubs wurde jedoch durch die gewichtigen Namen derselben aufgewogen. Herr Karl Preuß, der alleinige jetzige Mitarbeiter an der Redaktion des „Social-Demokrat", der bekannteste und thätigste Agent des Herrn Justizrath Wagner, glänzt an der Spitze und sorgte auch dafür, daß die erste Versammlung dieses Klubs aus 20 Personen bestand, welche er, wie man mit Bestimmtheit behauptet, aus dem preußischen Volksverein rekrutirt hatte.

Der genannte Karl Preuß, welcher Mitglied außer des preußischen Volksvereins auch des Berliner (Schulze'schen) Arbeitervereins ist, berichtete dann auch auf der Centralfeier des Stiftungsfestes in Frankfurt a. M. als „Privatperson", daß die Berliner Gemeinde, der Zahl nach noch klein, doch in gewissem Sinne die größte sei. Ueber den Preuß bemerkte in der Oppofitions-Gemeinde zu Berlin am 25. April ein gewiffer Kraufe, daß „Manche fagten, in einen Verein, in dem nur Leute wie Preuß feien, könne kein anftändiger Menfch eintreten," worauf der Vorfitzende erwiderte, Preuß fei nicht Mitglied der Oppofitions-Gemeinde, und „wir find nicht Alle wie Herr Preuß." Der Name Preuß kommt auch in einem anonymen Briefe aus Brandenburg d. d. 19. Mai 1865 vor, den Joh. Phil. Becker in Nr. 312 des „Nordftern" veröffentlicht. Es heißt darin über Preuß und die Beziehungen des „Social-Demokrat" zur reaktionären Partei:

„Mit Gegenwärtigem bezwecke ich hauptfächlich, Ihnen einige fachbezügliche Notizen zu übermitteln, wovon Sie vielleicht einen guten Gebrauch zu Ihren Publikationen machen können. Ich komme jede Woche in Amts-Gefchäften nach Berlin, und da ich mich fo ziemlich in allen Kreifen der Gefellfchaft bewege, meine politifchen Gefinnungen nur ganz vertrauten Freunden bekannt find, habe ich manche Gelegenheit, unbefangen und unbeachtet das innere Treiben der Parteien zu beobachten. So habe ich durch mehr als einen Umftand meine längft gehegte Vermuthung beftätigt gefunden, daß die Junkerpartei nicht blos harmlos mit der Arbeiterbewegung liebäugelt, fondern ernftliche Pläne gefchmiedet hat, reaktionäre Münze daraus zu fchlagen. Schon die Thatfache, daß der „Social-Demokrat" (foweit hier und in Berlin meine Wahrnehmung reicht) bei Weitem den größten Theil feiner Abonnenten unter den Reaktionären zählt, ift wohl kein geringer Beweis dafür. Auch fcheint das Blatt nicht nach dem Gefchmacke und Bedürfniß der Arbeiter redigirt zu fein, da es in Wirthslokalen, wo es der Arbeiter wegen gehalten wird, meift ungelefen liegen bleibt. . . . . . . (hier folgt eine Mittheilung, die ich weglaffe, weil der Verfaffer fagt: fie müffe unter uns bleiben, ohnfonften er bitter einer Indiskretion bezichtigt werden könnte) . . . . . . Daß zwifchen den Redakteuren des „Social-Demokrat" und dem Vereinspräfidenten einerfeits und den Führern der Junkerpartei andererfeits Vereinbarungen getroffen find und ein vertraulicher Verkehr hergeftellt ift, kann nicht mehr bezweifelt werden. Ein gewiffer Karl Preuß, Agent des berüchtigten Juftizraths Wagener, des Chefs der Kreuzzeitungsritter, macht den Mittelsmann. Diefer Preuß, der fich fchon längft als Faktotum im reaktionären „Volksverein" herumtreibt, hat eigentlich mit etwa 20 Mann diefes Vereins die neue Gemeinde zu Bernh. Becker's fogenanntem

Allgem. Deutschen Arbeiterverein gegründet. Es muß sehr socialdemokratisch darin aussehen?! Ich schließe dies namentlich auch daraus, daß mich jüngst ein Vollblutsjunker einlud, einer Gemeinde-Versammlung beizuwohnen, was ich leider aus Mangel an Zeit ausschlagen mußte. Doch werde ich später um so lieber eine solche Gelegenheit benutzen, als der Besuch eines solchen Vereins alsbald für einen Staatsdiener ein Zeichen der „Treue" und eine Empfehlung zur Beförderung sein wird. Preuß verkehrt nicht nur täglich mit Schweitzer und Hofstetten, sondern, wie ich vorgestern erfuhr, soll er nun auch Mitarbeiter des „Social-Demokrat" sein und seine Aufsätze vorher erst der Weisheit des Justizraths Wagener unterbreiten. Gewiß ist, daß er mit B. Becker fleißig correspondirt. Ob er nun diesem auch schon mehrere Geldsendungen zu Reisemitteln für die Agenten übermittelt habe, wie ich öfter sagen hörte, kann ich nicht behaupten. Im Ganzen kann ich dagegen unerschütterlich behaupten, daß die ganze Clique, Schweitzer, Becker, Hofstetten u. A. tief im Garn der Reaktion sitzen. Sehr gewundert hat es mich auch, den Buchhändler Schlingmann in dieser Gesellschaft zu finden, denn ich hatte bis dahin von diesem Manne eine sehr gute Meinung.

So nahe die Vermuthung liegt, daß der „Social-Demokrat" Subvention erhalte, habe ich doch noch keine genügenden Anhaltspunkte, dies zu behaupten; sicher ist's jedoch, daß er darauf spekulirt, und läßt sich es auch leicht berechnen, daß dieses Blatt bei seiner jetzigen Redaktions- und Distributionsweise, und zahlenden Abonnenten ohne große Opfer nicht bestehen kann. Woher sie nehmen? Schweitzer ist ein Herr von Habenichts, und Hofstetten, der auch ein Herr von Hattenichts war und nur durch eine Frau zum Herrn von Habetwas geworden ist, besitzt keineswegs so viel, daß er noch längere Zeit Zuschüsse machen könnte, und ist überdies nicht er, sondern seine Ehehälfte, die gnädige Standesherrin, Herr und Meister. Wie Sie wissen, hat der arme Schlucker von Schweitzer, seinen Namen zu erhöhen, seinen Geist zu verwerthen, seinen Leib zu befriedigen, Gastrollen über Politik, Socialismus, Philosophie und praktischen Sensualismus gegeben und „ubi bene, ibi patria", sprach und schrieb er in Wien österreichisch, in München bayerisch und in Berlin preußisch u. s. w."

Um dieselbe Zeit, als vorstehender Brief geschrieben wurde und die Becker'sche Gemeinde des Allgemeinen Deutschen Arbeitervereins in Berlin nur noch aus 20 Mitgliedern bestand, verkünbigte der „Social=Demokrat", daß er „allernächst auf Anregung von B. Becker" vom 1. Juli ab täglich erscheinen werde.

Diese Umwandelung scheint selbst bei den Anhängern B. Becker's einigen Verdacht erregt zu haben, wenigstens sah sich der „Social= Demokrat" v. 23. Juni veranlaßt, sich gegen den auf der Central= feier des Stiftungsfestes zu Frankfurt a. M. laut gewordenen Vorwurf zu vertheidigen, daß der „Social=Demokrat" durch das tägliche Erscheinen seinen eigentlichen Charakter als Arbeiterblatt einbüße und der deßhalb erhöhte Abonnementspreis dem Arbeiter ein Opfer zumuthe, ohne daß für das tägliche Erscheinen ein Bedürfniß vorliege. Der „Social=Demokrat" bemerkte dazu, daß von jetzt ab Manches, namentlich Politisches in den Kreis der Besprechung werde gezogen werden können; auch dürfe man nicht von der Ansicht ausgehen, daß das Blatt nur von Arbeitern ge= lesen werden solle, vielmehr müßten die Ideen der social=demo= kratischen Partei auch in andere Kreise hinausgetragen werden. Am 1. Juli erschien darauf das Blatt ganz im Format der nament= lich in Berliner Arbeiterkreisen stark verbreiteten Berliner „Volks= zeitung." Der Abonnementspreis war noch einige Silber= groschen billiger gestellt, als der der „Volkszeitung."

Die von jetzt ab regelmäßig im „Social=Dem." enthaltenen und oft mehrere Spalten füllenden „Berliner Lokalnachrichten" beweisen, daß der „Social=Demokrat" trotz der geringen Anzahl von Mitgliedern der Becker'schen Gemeinden doch hauptsächlich auf das Berliner Publikum spekulirte.

Die fernere Taktik des „Social=Demokrat" war folgende: In acht Artikeln erörterte er Ende Juni und Anfang Juli, in Ge= meinschaft mit der „Norddeutschen Allgemeinen=Zeitung" die Be= deutung der Revolution von 1789 und stritt mit dem ministe= riellen Blatt namentlich darüber, ob diese Revolution zu einer „Auflösung" oder zu einer „wesentlichen Umänderung" der Ge= sellschaft geführt habe.

Am 14. Juni schrieb der „Social=Demokrat" ganz im Wider= spruch zu seinen Artikeln im Februar und März, und zu den, auf Veranlassung Becker's, überall von seinem Anhang nach dem

Vorgang des „Rheinisch-Westphälischen Arbeitertages" gefaßten Resolutionen:

„Auf die erstere, die reaktionäre Partei, setzt wohl nicht leicht ein deutscher Arbeiter seine Hoffnung; wenigstens gehörte einem solchen ein zolldickes Brett vor den Kopf genagelt."

Dies hinderte ihn aber nicht, zwei Tage später wieder die Eventualität, daß das allgemeine Stimmrecht octroyirt würde, zu erörtern. Ueber den Werth dieses Stimmrechts ohne die entsprechenden sonstigen Volksrechte schrieb er:

„Wir glauben auch wirklich, daß innerhalb unserer Partei die Meinungen über dies Ja oder Nein getheilt sind. Darin aber — und dies ist hier die Hauptsache — sind wir jedenfalls alle einig: daß wenn irgendwo das allgemeine Stimmrecht von einer Regierung gegeben würde, ohne daß zugleich die entsprechenden sonstigen Volksrechte sicher gestellt wären: der erste, ja alleinige Gebrauch jenes Stimmrechts zunächst auf Erringung und Sicherstellung jener andern Rechte gerichtet werden müßte.

Denn die Freiheit — die Freiheit brauchen wir vor Allem."

Seine „Bismarckartikel" hatte der „Social-Demokrat," seit Eintritt der Spaltung im März, fallen lassen, am 23. Juni nahm er sie aber unter der Ueberschrift „Die deutsche Fortschrittspartei in Preußen" wieder auf, und schrieb:

„Es ist dem Ministerium Bismarck geglückt, ein deutsches Territorium von höchster maritimer Wichtigkeit derartig in den thatsächlichen Besitz Preußens zu bringen, daß bei fortdauernder geschickter Politik des Ministeriums, insbesondere wenn dieselbe von einer kräftigen Unterstützung Seitens des Abgeordnetenhauses unterstützt wäre, die vollständige Erwerbung jenes Territoriums für Preußen und dadurch der erste Schritt zu einem Großpreußen nicht ausbleiben könnten."

Und dann weiter:

„Will die Majorität des preußischen Abgeordnetenhauses preußisch sein, so hat sie durch ihre Geldverweigerung einen Hochverrath an der Zukunft des preußischen Staates begangen. Denn für dieses thatsächlich vorhandene, historisch gewordene Preußen ist die Frage, ob Schleswig-Holstein dem Staate erworben werde oder nicht, von so dauernder und tiefgehender Wichtigkeit, dabei aber in ihrer Lösung unwiderruflich so sehr vom raschen Ergreifen des richtigen Augenblicks abhängig, daß Unterstützung zu versagen oder gar Hindernisse in den Weg zu legen mit dem Begriff einer **preußischen Partei nicht verträglich** ist. Die Majorität des Abgeordnetenhauses hat durch ihr Votum, in welchem sie, unter dem lauten Beifall des schwarzgelben Lagers, diesem wichtigsten und drängendsten preußischen Staatsinteresse andere Erwägungen voransetzte, unwiderleglich bewiesen, daß sie eine **preußische Partei** nicht ist. —

Elender und jämmerlicher aber giebt es nichts auf der weiten Welt, als wenn eine politische Partei zwischen zwei Elementen, die schlechterdings einander ausschließen, zu vermitteln sucht und sich nicht zu dem Entschlusse ermannen kann, den einen Weg zu wandeln oder den andern.

Bismarck und die Seinen stehen fest auf dem Boden **preußischer Vergangenheit** — wir und die Unsern fußen auf dem Boden **deutscher Zukunft** — die „deutsche Fortschrittspartei" in Preußen aber, ohne Vergangenheit und ohne Zukunft, steht auf **gar keinem Boden.**"

Inzwischen wurde das Kölner Abgeordnetenfest vorbereitet. Der „Social-Demokrat" beschränkte sich zuerst auf thatsächliche Mittheilungen über das dagegen gerichtete Polizeiverbot und die daraus entstehenden Verhandlungen. Plötzlich am 18. Juli, also erst fünf Tage vor dem Abgeordnetenfeste schreibt er:

„Zum ersten Male seit der Zeit ihres Bestehens ist die Fortschrittspartei, indem das Kölner Festcomité sich dem ergangenen Verbote nicht fügen zu wollen erklärt hat, **zu einer That bereit.** — Arbeiter durch ganz Deutschland, die Ihr der socialdemokratischen Sache anhängt, richtet Eure Blicke nach Köln! **Fest und bestimmt, ohne jedes Zaudern und Schwanken, habt Ihr in dieser Sache für das liberale Fest-Comité gegen die preußische Behörde Partei zu ergreifen.**" —

Am 19. Juli theilte der „Social-Demokrat" die Antwortschreiben der Mitglieder des Kölner Festcomités mit und rief jedem Briefschreiber ein besonderes „Bravo!" zu.

Am 20. Juli brachte der „Social-Demokrat" einen Aufruf von Bernhard Becker aus Berlin, wonach die Allgemeinen deutschen Arbeiter-Vereine

„in Anbetracht, daß wir als selbstständige Partei überall die Fortschrittspartei zu unterstützen haben, wo sie Recht und Freiheit vertritt;

„in Anbetracht, daß das Vereinsrecht ein zum Gelingen unsrer Bewegung absolut nothwendiges Recht ist, bei dessen Vertheidigung unser Interesse mit dem der Fortschrittspartei zusammenfällt; 2c.
zu resolviren haben:

„Die Arbeiter Deutschlands erklären, unter entschiedener Mißbilligung des Vorgehens des Polizeipräsidenten zu Köln, den Mitgliedern des dortigen Festkomité's, des preußischen Abgeordnetenhauses und der Fortschrittspartei überhaupt, insoweit dieselben wacker und beharrlich für die Aufrechterhaltung des gesetzlich bestehenden Vereinsrechts kämpfen, ihre volle Sympathie und versichern sie während des Kampfes der thatkräftigen Unterstützung seitens der Arbeiterklasse."

Auf den 23. Juli hatte B. Becker eine „Allgemeine Arbeiterversammlung" zu Berlin einberufen und den Vorsitz darin dem früheren Vorsitzenden des Berliner (Schulze'schen) Arbeitervereins, Dittmann*), übertragen. Die Versammlung, in der Arbeiter verschiedener Richtungen erschienen waren, beschloß, den Abgeordneten in Köln als „wackeren Vertheidigern des Vereinsrechtes" auf telegraphischem Wege ein Hoch auszubringen. Eine von dem in dieser Versammlung eingesetzten Comité auf den 30. Juli berufene zweite Arbeiterversammlung resolvirte noch:

„Wir erachten es für Pflicht eines jeden Arbeiters, daß er für das Vereinsrecht durch thatkräftigen und unerschrockenen Gebrauch

---

*) Dittmann scheint sich zum Führer der Arbeiter aller Parteien resp. zum Arbeiterabgeordneten für Berlin für qualificirt zu halten. Wenigstens deuten darauf seine sonst unverständlichen Aeußerungen in der Allg. Arbeiterversammlung vom 30. Juli. „Man will uns leider noch fortwährend auf einen Weg drängen, den wir nicht mehr Willens sind zu beschreiten; man glaubt, daß wir noch vollständig in den Kinderschuhen stäken und nicht wüßten, was wir zu thun und zu lassen haben, indem man uns als Leiter dienen will." Und weiter: „Um so mehr werden wir nur solche Männer an der Gesetzgebung sehen wollen, die uns wahrhaft volksthümliche Gesetze bringen." („Social-Demokrat" vom 1. August 1865.)

deſſelben eintrete; und die Verſammlung fordert hiermit die Staatsregierung auf, ihrer Pflicht gemäß energiſch dafür Sorge zu tragen,
daß die Behörden ſolche Maßnahmen, wie ſie in Betreff des Kölner
Feſtes vorgekommen und jetzt von den zuſtändigen Gerichten für
rechtswidrig erklärt ſind, in Zukunft unterlaſſen."

Die feudalen Blätter nutzten ſofort dieſes Vorgehen des All=
gemeinen Deutſchen Arbeitervereins gegen die Arbeitervereine über=
haupt aus. So ſchrieb die „Zeidler'ſche Correſpondenz" am
2. Auguſt:

„Die Stellung, welche die Arbeitervereine zu den jüngſten Vorgängen nahmen, mußte allerdings ein Kriterium über Urtheil und
über ihren Anſpruch auf Duldung ſein. Blieben ſie in der That
das, was ſie zu ſein behauptet haben — nämlich Vereine zur Erörterung der Lage der arbeitenden Klaſſen, hätten ſie alſo gerade
jetzt gezeigt, daß ſie etwas Edleres und Poſitiveres kennen, als den
Kultus der hohlen Redensart, ſo würde ihr Vereinsrecht nie in
Frage geſtellt worden ſein. Aber durch die Kölner Ereigniſſe wurde
die Wahlverwandtſchaft, welche zwiſchen dem flachen Parteiweſen
der Demokratie und den Arbeitervereinen beſteht, an's Licht gezogen;
faſt unwillkürlich brach die alte revolutionäre Phraſe durch die
Tünche eines ernſten Strebens, womit die Arbeitervereine ſich aus-
ſtaffirt hatten, hindurch. Manche mögen das jetzt bedauern, aber
die Folgen der Urtheilsloſigkeit und des oberfläch-
lichen Trotzes, womit man eine Aufregung von 24
Stunden erregte, ſind nun unausbleiblich."

Der „Social-Demokrat" wurde von dieſer Zeit ab mehrfach
confiscirt, der Becker'ſche Verein in Berlin und Magdeburg vorläufig richterlich geſchloſſen und am 25. Juli B. Becker wegen
ſeiner politiſchen Haltung aus Preußen ausgewieſen.*)

---

*) Eigenthümlich bei dieſer Ausweiſung iſt, daß Becker, wie der „Social-
Demokrat" vom 18. Juli mittheilte, kurz vorher in ſtrafrechtliche Vorunter-
ſuchung wegen ſeines Werkes: „Die Deutſche Bewegung von 1848 und die
gegenwärtige" gezogen war, und die Polizei B. Becker nicht, ſtatt ihn auszu-
weiſen, verhaftete, wodurch ſie ihn unſchädlich gemacht und zugleich die Mög-
lichkeit behalten hätte, der ſtrafrechtlichen Unterſuchung wegen jenes Werkes
weiteren Fortgang zu geben.

Der „Nordstern" urtheilte über diese Vorgänge in einem Artikel „Aufgeschaut" vom 29. Juli folgendermaßen:

„Der „Social-Demokrat" hat durch seinen erfolgten Aufruf an die Arbeiter der Reactionspresse die Handhabe und Gelegenheit geboten, das Polizeiverfahren gegen das Abgeordnetenfest zu rechtfertigen. Ja, er hat sich herbeigelassen und den einfältigen B. Becker mit dazu benutzt, die im Ganzen harmlose Zusammenkunft der Abgeordneten zu Köln der Polizei zu denunciren. Die Beschlagnahme der betreffenden Nummer des „Social-Demokrat" hat nur dazu gedient, das frevelhafte Spiel, welches mit den Arbeitern getrieben werden soll, zu verdecken und den Glauben zu verbreiten, jenes Blatt trete ehrlich und ernstlich auf."

Am 4. August wechselte der „Social=Demokrat" wiederum seine Taktik und griff, an einen bekannten Vorgang bei der Arndt=Feier in Bonn anknüpfend, in einem Artikel „Der große Bürger Classen=Kappelmann" die Fortschrittspartei auf das Heftigste an. Der Artikel schloß mit den Worten:

Wie tief gesunken, wie innerlich entnervt muß eine Klasse sein, deren Männer einen Waschlappen zum Helden stempeln und deren Damen einem Eunuchen Kränze winden! —

Die Konfiskationen des „Social=Demokrat" wiederholten sich auch in den folgenden Monaten häufig, was dem „Social=Demokrat" stets Gelegenheit gab, in mehr heftiger als scharfer Weise gegen den Herrn Polizeipräsidenten v. Bernuth oder dessen Stellvertreter Lübemann und das herrschende System zu protestiren.

Am 1. September provocirte der „Social=Demokrat" geradezu seine Konfiskation, indem er mit großem Eklat ankündigte, er werde den Arbeitern durch Beleuchtung des preußischen Regierungs=Systems ein besonderes „Sonntagsvergnügen" bereiten und das Verfahren der Berliner Polizei gegen ihn dabei zum Ausgangspunkt nehmen.

Ende September berichtete der Berliner Korrespondent der „Elberfelder Zeitung", in Berlin würde in den hohen aristokratischen Kreisen unter Protektion der bekanntesten und höchstgestellten Konservativen für zwei als ultraradikale Demokraten an=

gesehene Leute kollektirt. Die Herren Schweitzer und Hofstetten erklärten hierauf den Redakteur der „Elberfelder Zeitung" und seinen Korrespondenten für „feige und hinterlistige Hunde" und forderten ihre zahlreichen Freunde in Elberfeld und Barmen auf, „mit kräftiger Faust diesen alten Weibern auf ihr elendes Klatschmaul zu hauen."

Trotz solcher Drohungen wurde jene Nachricht bald darauf mit der größten Bestimmtheit in anderen Blättern, wie in der „Rheinischen Zeitung" und der „Wiener Presse" bestätigt. Die Redakteure des „Social=Demokrat" bedrohten darauf die Verbreiter solcher Nachrichten mit Verläumdungsklagen. Dieselbe Drohung hatten sie indeß schon am 26. Juni 1865 gegen die „Rheinische Zeitung" ausgesprochen, wofern dieselbe nicht ihre Behauptung, der „Social=Demokrat" habe sich an eine entgegenstehende Partei oder politische Macht verkauft, zurücknehme.

Als die „Rheinische Zeitung" hierauf bemerkte, sie sehe sich nicht veranlaßt, irgend etwas zu widerrufen, und überlasse es der Redaktion des „Social=Demokrat", die angedrohte Klage zu erheben, verkündigte die letztere am 2. Juli:

„Demgemäß wird also die in Aussicht gestellte Klage stattfinden."

Gleichwohl hat diese Verläumdungsklage bis heute, vier Monate nach jener feierlichen Ankündigung, noch nicht stattgefunden. Hat vielleicht die Redaktion des „Social=Demokrat" Ursache, die zeugeneidliche Vernehmung des Karl Preuß, Justizrath Wagener, Bernhard Becker, der Gräfin Haßfeldt, des Redakteur Braß, des Grafen v. Bismarck und anderer Personen über die Existenzmittel des „Social=Demokrat" zu scheuen?

Nachschrift.

Im Begriff, Vorstehendes der Presse zu übergeben, lesen wir die Zeitungsberichte über eine Arbeiterversammlung in der Alhambra zu Berlin am 6. November. Schulze-Delitzsch hatte am 1. Oktober im Berliner Arbeiterverein einen Vortrag über die freie Arbeit gehalten und darin auch das **allgemeine gleiche Wahlrecht** als eine ernste Forderung an den Staat hingestellt*), dahingegen die von den Socialisten aufgestellten Staatsbeglückungstheorien gebührend abgefertigt. Um Gelegenheit zu erhalten, gegen diesen Vortrag aufzutreten, bestellte J. B. v. Schweitzer bei dem

---

*) Schulze-Delitzsch hat sich stets zu dem allgemeinen gleichen Wahlrecht bekannt. In seinem Arbeiter-Katechismus führt er Seite 97 die von den Arbeitern an die Staatsverfassung zu machenden Forderungen auf. Da heißt es wörtlich:

„Zunächst verlangen wir die **Gleichheit vor dem Gesetze**. Kein Einzelner, keine Klasse der Gesellschaft darf vor der andern begünstigt, mit Vorrechten und Privilegien ausgestattet werden, welche die übrigen, insbesondere die weniger Bemittelten hindern, sich emporzuarbeiten, etwas vor sich zu bringen, welche den Fähigen und Gescheidten von der ihm gebührenden Stellung ausschließen, und Rang, Geburt und zufällige Glücksgüter an die Stelle des Talents und Verdienstes setzen. Das ist die erste Forderung, und hier mag das **allgemeine gleiche Wahlrecht** füglich als Folge dieser Forderung mit aufgestellt werden."

Was ist davon zu halten, wenn nicht bloß die Socialisten, sondern auch Zeitungen politischer Gegner Schulze's kecklich verbreiten, derselbe habe sich jetzt zu Lassalle's allgemeinem gleichen Wahlrecht belehrt?

uns bereits von Seite 52 bekannten Dittmann einige „Allgemeine Arbeiterversammlungen". In einer solchen entwickelte J. B. von Schweitzer am 15. Oktober als praktisches Ziel des Lassalle'schen Arbeiterstaats das bekannte Lassalle'sche Hundertmillionen=Projekt, d. h. die Forderung an den Staat, vier bis fünf hunderttausend Arbeitern zusammen hundert Millionen Thaler zur Gründung von Produktiv=Genossenschaften gegen Zins zu leihen.*) Das

---

*) Ein Arbeiter sagte neulich über Herrn von Schweitzer's Projekte: „Also kriegt jeder der 500,000 Arbeiter, welche sich die künftigen Minister Schweitzer, Preuß, Dittmann Excellenz aussuchen, dermaleinst von den 100 Millionen Thalern 200 Thaler gegen Zinsen gepumpt, mit denen er in der Produktiv-Genossenschaft unter Polizeiaufsicht zu arbeiten hat? Und das ist die schöne Staatshülfe, durch die alle Arbeiter glücklich werden sollen? Weiter nichts? Danke schön! — Ein Sperling in der Hand ist mir lieber als hundert auf dem Dache, vollends wenn das Dach so hoch und steil ist. Wenn mich die Excellenzen später nicht zu den 500,000 Arbeitern aussuchen, müßte ich wohl warten, bis aus den 100 Millionen Thalern durch Zins und Zinseszins wieder mal 100 Millionen geworden sind? Das ist doch ängstlich. Werden denn die Zinsen auch immer richtig eingehen? Kann nicht vom Kapital etwas durch Bankerott verloren werden? Wollen doch erst mal abwarten, wie weit Florian Paul in Schlesien mit seiner Produktiv-Genossenschaft auf Chatoullenhülfe und unter Landrathsaufsicht kommt. Inzwischen bleibe ich bei der Selbsthülfe. Ich dachte früher auch, es ginge nicht mit dem Sparen. Nun bin ich aber seit einem Jahre im Consumverein und werde mit Beiträgen und Dividenden zu Neujahr 20 Thlr. zusammen haben, ohne daß ich es recht gemerkt hätte. Wie lange wird es dann noch mit Zins auf Zins dauern, bis ich 200 Thlr. habe, wenn ich im Consumverein alle Jahre nur 20 Thlr. spare? — — ich denke aber, es soll künftig noch mehr werden. Hab' es mir neulich ausgerechnet: es dauert noch 7 Jahre und 4 Monate. Dann habe ich durch Selbsthülfe die 200 Thlr. zu freiem Eigenthum, die mir Herr von Schweitzer als Staatshülfe geborgt verspricht, wenn die Socialdemokraten Minister oder die Minister Socialdemokraten geworden sind, und wenn ich außerdem Glück oder gute Vettern habe. Und darum soll man noch seine Freiheit dahingeben und unter Polizeiaufsicht arbeiten? Das ist zu dumm!"

Wir konnten ihm mittheilen, daß Florian Paul's Produktiv-Genossenschaft schon „alle geworden" sei.

Ding wollte aber bei den nüchternen Berlinern durchaus nicht ziehen, und man beschloß daher, dieselben zunächst für seine Persönlichkeit durch Veranstaltung einer Art von Hahnenkampf mit den Vertretern des Prinzips der Selbsthülfe näher zu interessiren. Dittmann besaß Unverschämtheit genug, Schulze-Delitzsch, Michaelis, Faucher, Prince-Smith zuzumuthen, sich unter seinem mehr schnoddrigen als parlamentarischen Vorsitz in parlamentarische Verhandlungen mit einem Menschen von so berüchtigter Vergangenheit und verdächtiger Gegenwart wie J. B. v. Schweitzer einzulassen. — Selbst die einzige „wissenschaftliche Stütze" der sozialdemokratischen Partei, Prof. Wuttke in Leipzig, schrieb Dittmann ab, angeblich weil er fürchtete, durch eine Entfernung von Leipzig sein Amt zu verlieren. — Als Redner traten in dieser Versammlung daher für Schweitzer nur auf: der Seite 46 als „der bekannteste und thätigste Agent des Justizrath Wagener" charakterisirte Karl Preuß, der auf Seite 37 sich als Begleiter der Gräfin Hatzfeldt zum Justizrath Wagener ausgebende Vogt, der Seite 41 erwähnte von seinen Parteigenossen stets als einen Agenten der Gräfin Hatzfeldt bezeichnete Schilling, und der von Schweitzer aus Leipzig an Wuttke's Stelle verschriebene Cigarrenmacher und Stellvertreter Bernhard Becker's, Fritzsche. Wie bei allen Schaustellungen der social-demokratischen Partei waren auswärts Zustimmungs-Telegramme in der schon zu Lassalle's Lebzeiten üblichen Fassung: „Radikaler Sieg der Lassallianer, ungeheure Einzeichnung" bestellt, welche auch richtig eintrafen und von Dittmann pflichtgemäß zum Besten gegeben wurden.

Wie lange werden sich in Berlin noch Arbeiter finden, bei denen die Neugierde, das Treiben solcher Menschen in der Nähe anzusehen, das Gefühl ihres sittlichen Ekels überwindet?